学前教育
理论探索与创新

李 冰 著

吉林摄影出版社
·长春·

图书在版编目(CIP)数据

学前教育理论探索与创新/李冰著.--长春:吉林摄影出版社,2022.5
ISBN 978-7-5498-5519-3

Ⅰ.①学...Ⅱ.①李...Ⅲ.①学前教育-教育理论-研究 Ⅳ.①G610

中国版本图书馆 CIP 数据核字(2022)第 174447 号

学前教育理论探索与创新

XUEQIAN JIAOYU LILUN TANSUO YU CHUANGXIN

| 著　　者：李　冰 |
| 出 版 人：车　强 |
| 责任编辑：岳青霞　罗　晗 |
| 封面设计：刘　华 |
| 开　　本：787mm×1092mm　1/16 |
| 字　　数：228 千字 |
| 印　　张：9.25 |
| 版　　次：2024 年 1 月第 1 版 |
| 印　　次：2024 年 1 月第 1 次印刷 |
| 出　　版：吉林摄影出版社 |
| 发　　行：吉林摄影出版社 |
| 地　　址：长春市净月高新技术产业开发区福祉大路 5788 号 |
| 　　　　　邮编:130118 |
| 网　　址：www.jlsycbs.net |
| 电　　话：总编办 0431—81629821 |
| 　　　　　发行科 0431—81629829 |
| 印　　刷：北京市兴怀印刷厂 |

ISBN 978-7-5498-5519-3　　　定　价：48.00 元

版权所有　侵权必究

前言

当前,如何培养综合素质和专业素质较高的人才已经成为我国教育的未来发展趋势。因此,作为教育发展的基石,学前教育得到人们的重视,如何发展好学前教育已经成为时下重要的教育战略目标。学前教育是基础教育的一个重要组成部分,是学校教育和终身教育的基础。学前教育阶段是孩子各方面发展的关键时期,对孩子的成长具有重要影响。近年来,学前教育发展与改革日益受到多方面的关注,世界各国在学前教育的重要性上已达成共识,正积极采取多种措施大力发展学前教育。

本书从学前教育理论探索与创新的角度出发,共分为八章。第一章阐明了学前教育的相关理论内容,让读者对学前教育有一个全方位的认识和了解;第二章阐述了学前教育与儿童发展;第三章是学前儿童的全面发展教育;第四章论述了学前教育环境的创设,明确了幼儿园环境对幼儿的影响;第五章对幼儿认知发展研究与游戏教学进行介绍;第六章探讨了观察法、访谈法与问卷法在学前教育中的应用;第七章探讨了学前教育师资队伍的建设,明确了学前教师专业发展的方向;第八章针对学前教育教师专业发展进行分析,对教师的专业培训提供了合理化建议。本书内容丰富、结构合理、思路清晰、语言简练,能够做到理论与实践相结合,对于深化和拓展学前教育的认识有重要的启示价值,同时对学前教育专业人才培养和幼儿园开展学前教育教学改革活动有着积极的指导作用。

本书在撰写的过程中,参考和借鉴了大量的相关书籍和资料,在此向有关作者致以诚恳的谢意,由于作者水平有限,不足之处在所难免,敬请各位专家和广大读者予以批评指正。

编　者
2021 年 12 月

目 录

第一章 学前教育研究概述	1
第一节 学前教育的概念与意义	1
第二节 学前教育的产生与发展	3
第三节 学前教育的性质与特点	14

第二章 学前教育与儿童发展 ········· 18
  第一节 影响儿童发展的诸因素 ········· 18
  第二节 关于儿童发展的理论 ········· 20
  第三节 儿童观的发展与教育 ········· 24
  第四节 学前儿童的发展与教育 ········· 29

第三章 学前儿童全面发展教育 ········· 42
  第一节 我国的教育目的与幼儿园教育目标 ········· 42
  第二节 学前儿童全面发展教育的内容 ········· 47
  第三节 学前儿童全面发展教育的实施原则 ········· 61

第四章 学前教育环境的创设 ········· 66
  第一节 幼儿秘密空间环境的创设 ········· 66
  第二节 幼儿园环境对幼儿的影响 ········· 69

第五章 幼儿认知发展研究与游戏教学 ········· 75
  第一节 幼儿认知发展概述 ········· 75
  第二节 幼儿认知发展的研究方法 ········· 82
  第三节 幼儿游戏的特点和教育作用 ········· 92
  第四节 幼儿游戏的种类 ········· 94

第六章 学前教育中的教育方法 ········· 108
  第一节 观察法 ········· 108
  第二节 访谈法 ········· 111
  第三节 问卷法 ········· 117

第七章 学前教育师资队伍建设 ……………………………………………… 122
    第一节 幼儿职业教师专业能力发展 …………………………………… 122
    第二节 幼儿教师的职业适应 ……………………………………………… 126

第八章 学前教育教师专业发展 ……………………………………………… 129
    第一节 教师专业发展阶段与特征 ………………………………………… 129
    第二节 教师职前的培养体系创新 ………………………………………… 131
    第三节 教师职后培训模式的创新 ………………………………………… 135

参考文献 ……………………………………………………………………… 139

第一章 学前教育研究概述

第一节 学前教育的概念与意义

一、学前教育的概念

(一)学前教育

学前教育是教育的下位概念,在教育概念基础上理解学前教育的概念,需明确以下两个关键点。

1.学前教育对象的年龄范围

学前教育对象是多大年龄段的孩子?这个问题与其它学校教育的起始年龄有着密不可分的关系。

在古代,小学的教育并没有统一的体系,入学年龄亦没有统一规定,故学前教育也就没有明确的年龄划分。西周时期,学前教育期是指10岁之前,《大戴礼记》中说到"古者年八岁而出就外舍",即8岁前为学前期。发展到近代,随着一批新兴公共学前教育机构的兴建,以及统一学制的建立,学前教育期开始有了一个相对清晰的年龄划分,如"壬寅学制"规定儿童从6岁起受4年蒙学教育,"癸卯学制"规定蒙养院招生3~7岁的幼儿,学前教育的上限定位于6~7岁。

西方国家中,美国将0~8岁儿童的教育称为幼儿教育,而学前教育仅指1岁前的教育,早期教育指0~3岁儿童的教育;英国将3~5岁作为基础教育阶段。

近几十年来,在世界范围内,学前教育的年龄范围不断扩大并向低龄延伸,人们越发关注孩子的发展权益。从广义上来理解学前教育的内涵,它一般是指0~6岁入小学以前的儿童教育。如果将学前教育与婴儿教育(0~3岁)分开来理解的话,它专指3~6岁年龄阶段的儿童教育。现在,学前教育一般都是广义上的概念。

2.学前教育的实施形式

从古至今,学前教育实施主体主要有两种:一种是由父母或其它成员在家庭中进行;另一种是在家庭以外的社会组织中进行。早期责任主体一般由家庭担任。随着时代的不断推进,逐渐演变为社会的职责,最终社会大众承担起学前教育实施的重担。

早期的家庭教育是由成人或其它长者在家庭的环境中对后代进行教育的一种形式。家庭是孩子最早接触的外界环境,是其学习和生活中必不可少的成长环境,也曾是学前教育最主要的实施途径。17世纪时,许多教育家对家庭教育进行过生动的刻画,捷克教育家夸美纽斯的"母育学校"就是其典型例子。

学前社会教育则是指排除家庭以外,由社会力量支持办学,专门针对学前儿童所进行的教育实践活动,如托儿所、幼儿园和学前班等。其中,前两者是学前社会教育的主要形式。幼儿园教育是由幼儿园专职承担的,以幼儿身心发展特点为基础而实施的有目的、有计划、能促进幼儿身心全面发展的社会活动。目前,幼儿园教育是我国学前教育的主体部分,归属于学校教育系统。

两种实施形式虽然责任主体不同,但是最终的目标是一致的,旨在于相互的配合中共同促进儿童的健康成长。

综上所述,学前教育可以定义为对0~6岁入学前儿童所实施的有目的、有计划的教育活动总和。它有广义和狭义之分,广义上说,凡是能够影响入学前儿童身心各因素发展的活动都是学前教育,从幼儿生活的空间角度可以将其分为机构教育、家庭教育和社区教育等。而狭义的学前教育专指机构教育,即在专门机构中实施的有目的、有计划、影响学前儿童身心发展的活动,如幼儿园教育、托儿所教育。

(二)学前教育学

1.学前教育学的概念

学前教育学是教育学科的一个分支学科,隶属于整个教育科学体系。我国一直致力于将学前教育学建成为具有独立性、整体性、系统性和科学性的学科,并为此做出了许多尝试。黄人颂教授在《学前教育学》一书中明确将其定义为专门研究学前教育规律的科学。在其它一些国家有关学前教育的著作中,虽然没有明确将它作为一门单独的学科,但将学前教育学作为一门单独的研究领域或范围的意向是显而易见的,其中包含了学前教育的性质、目的以及如何实现目的的方法等。

综上所述,可以将学前教育学定义为研究0~6岁儿童的教育现象及其规律的科学。其主要内容有:学前教育的产生与发展,学前儿童各年龄段的教育目标、方法及途径,学前教师的教学及指导策略,幼儿园评价及管理等。

2.学前教育学的任务

(1)总结国内外优秀学前教育经验,借鉴国内外教育家先进的教育理论,探讨学前儿童发展的一般规律。

(2)通过学前教育的相关研究,指导教师及管理者的教育实践,提高自身的专业水平。

(3)通过学前教育的实践研究,为国家进行学前教育改革及制订相关的教育政策提供理论依据。

二、学前教育的意义

众所周知,早期教育对人的毕生发展有重要的奠基作用。学前时期的教育条件与环境不仅蕴含了个体发展的巨大价值,而且有助于个体完成社会赋予的任务。因此,学前教育的意义包含个人和社会两个方面。

(一)个人意义

儿童在学前阶段的学习与发展质量直接影响其以后的发展。例如,早期的情感经历和接受的教育会影响成年后的生活。研究表明,在冷漠或充满暴力环境下成长的儿童,往往会有强烈的自卑感或暴躁的性格,这一类人是很容易步入歧途的;而在一个温馨的环境中受到良好教育的儿童,往往能形成许多好习惯,如懂礼貌、讲卫生、爱学习等。所以,良好的学前教育能促进学前儿童身心正常发育,为后续教育阶段奠定学习与成长的重要基础。

(二)社会意义

经过漫长的发展时期,学前教育早已不属于单纯的个人行为了,而是一项国家和社会的事业。学前教育,作为国民教育系统中一个单独的教育阶段,通过自身不断地发展,能极大地完善国民教育体系,实现教育的均衡协调发展。不仅如此,学前教育还通过合理配置资源,提供适宜的环境及物质支持,为每一位儿童创设发展的机会,并对其中处境不利的儿童实行补偿教育,减少不利环境给他们日后带来的个人问题和社会问题。从某种意义上讲,学前教育也是实现社会公正与社会和谐的推动力。

第二节 学前教育的产生与发展

学前教育与人类社会一起产生和发展,学前教育事业伴随着人类生活世界的演变而发生变化。为了让人类种群及其文化在世界范围内得以长久地保存下去,人类需要不断提高自身能力以适应环境的改变,并需要进行不断的教育实践。

一、学前教育现象的产生与发展

从人类社会开始,学前教育现象便有迹可循。为了使社会能够延续,人类必须实现自身的生产与再生产,于是,抚养后代、保证下一代健康成长的教育随之产生,这便是最初的学前教育。

(一)古代的学前教育

1. 原始社会的学前教育

原始社会初期,生产力十分低下,生产资料是集体所有,青壮年都要为找食物而奔波,这样才足以支撑整个部落的生存。因此以血缘关系为纽带而组成的族群之间无任何阶级之分,平等互助地生活在一起,以集体劳动为主要形式,生活中并无专门的人力或财力用于儿童教育,公养公育是原始社会儿童教育的基本形式。教育的内容也与儿童今后将要从事的社会生产和生活紧密相关,主要是维持生存所必需的基本知识。教养者主要是妇女和其它体弱年老的人,所以他们只是将自己的生活经验传授给儿童,采用的主要方式是观察模仿、口传身授和在生活场景中进行教育。

儿童在原始社会绝大部分时期都属于氏族内部共有,只是到了原始社会末期,随着生产力的提高,儿童才开始回归到小家庭之中,学前教育逐渐从公育向个人的事业转变,这便是家庭教育的雏形。

2. 奴隶社会的学前教育

大约在公元前21世纪,中国进入奴隶制社会。这一时期,学前教育出现了与原始社会截然不同的现象。

西周时期,人们开始按照儿童年龄的大小来制订学前教育计划,此时的教育是面向权力者子女的教育,家庭是学前教育的主要实践形式。统治阶级为维护和巩固自己的地位,亲自或聘请家庭教师对子女施加教育,宫廷学前教育便是一种特殊的家庭教育形式。在古代埃及就建立了宫廷学校,该学校选择有经验的人任教,如官吏、文人、学者等;而我国则创立了太子保傅制度,选择专职的官吏,对太子进行教育。奴隶社会的教育内容主要包括身体保育、道德习俗和文化艺术教育等。此外,婴儿出生前的教育也受到了人们的关注,如优生、胎教思想的提出。早在刘向的《列女传》中就有记载,太任自妊娠后,"目不视恶色,耳不听淫声,口不出散言,能以胎教"。

3. 封建社会的学前教育

中国的封建社会自春秋战国开始(公元前475年)到鸦片战争爆发(1840年)之前结束,伴随着"奴隶制"的崩溃,"学在官府"的局面被逐步打破,为适应社会生产的需要,统治者需要培育一批为阶级服务的劳动者。为此出现了招收平民的学校。这一时期,私学兴办,教育对象扩大,这不仅为更多的人提供了学习的机会,也为家庭实施学前教育提供了无限的可能。

为满足阶级统治的需求,为培育适宜的劳动者,统治者建立了庞大的学校教育系统。受到儒家思想的影响,学前教育下移,逐渐成为普通家庭教育的重要组成部分,入学前的幼儿教育仍然在家庭中进行。社会的发展也推动了家庭教育内容的不断丰富,开始扩展到德、智、体等诸多方面,虽然教育场合不同,但家庭教育与学校、社会教育的内容本质上是一致的,从而保证了教育的连贯性。此时,也出现了许多专为儿童编写的用于传播知识和文化的教材,如"三百千"(《三字经》《百家姓》《千字文》)。这一时期,儿童的潜能得到最大限度地挖掘,学前教育内容的难度与广度均有较大的增加,教育水平得到极大地提升。

(二)近代的学前教育

以1640年英国资产阶级革命为标志,世界历史开始进入资本主义时代。这一时期,不仅是资本主义制度在欧洲各个国家建立及巩固的时期,也是生产力、科学技术大力发展的时期,这些突出的时代特征对近代学前教育的发展,特别是对思想理论有重要影响。近代不仅产生了一些对后世有着重大影响的学前教育思想,还先后涌现出了一批教育思想家,如福禄贝尔、欧文、蔡元培、恽代英等,他们所倡导的儿童观、教育观、学前教育方法等极大地丰富了学前教育理论思想,为近代建立系统的学前教育理论体系和实践探索奠定了良好的基础,也使理论进一步与实践相联系。

(三)现代的学前教育

自1919年以来,随着资本主义经济制度在全球扩张,世界历史进入了一个不同的时代——社会主义和资本主义同时存在、相互合作竞争互补的时代。过去的近百年中,各国历经了不同的战乱,逐渐意识到人才培养与国家富强间的紧密联系,所以,人们更加重视教育的社会价值和地位,特别是学前阶段的教育。学前教育已经成为全社会关心的一项公共教育事业,每个国家都依据自身特点,在学前教育方面提出了一系列的改革和发展措施,计划并付诸实践。现代学前教育发展呈现新的趋势。

(1)学前教育被纳入各国的学校教育体系中,成为国民教育的一部分,而且逐渐得到普及。

(2)推动学前教育事业的专业化发展,人才培养是关键。主要措施有两方面:一方面,各国大力新建或增设幼儿师范学校,或在高等院校开设学前教育专业,帮助培养专门人才;另一方面,以法律法规的形式建立完整的师资培训体系。

(3)学前教育管理系统化。各国政府将学前教育的各个环节科学地分配到各级行政部门,明确职责,共建规范化、科学化的管理系统。与此同时,有条件的地区分设单独的管理单位。例如,我国地方教育局下分设的幼教科,充分践行了"统一领导,地方分级管理"的方针。

(4)鼓励多元化办学,各种各样的学前教育机构出现,如日托中心、托管中心、学前教育中心、儿童护理中心等。

（5）学前教育更加关注公平，合理使用教育"补偿"。在"全民教育""终身教育""全纳教育"思想的引领下，越来越多的人意识到教育资源，特别是优质教育资源，已不再是某一部分人的特权，而应该是全世界儿童共享的权利。在世界范围内，人们开始重视对学前教育的投入，努力扩大学前教育资源的供给，使学前教育日益惠及全体儿童，以促进学前教育的公平性。对处境不利儿童的关照，更是学前教育公平中不可忽视的一个部分。处境不利的儿童主要是指由于家庭条件的局限而负担不起学费，从而导致辍学的一部分群体。世界各国纷纷针对这一群体出台相应的法律政策。

（6）学前教育不再只是关注"量"的满足，而更多是要求"质"的提高。提供高质量的学前教育，进而更好地促进学前儿童身心全面发展，一直是世界各国学前教育改革的共同目标。其中，施教者是关键。努力提高教师能力水平成为各国学前教育改革和发展的重点。例如，规范人才培养系统，提高教师地位和薪资水平，同时要求教师要与时俱进，树立正确的世界观和价值观，为提高学前教育质量奠定基础。

二、学前教育机构的产生与发展

学前教育社会机构的诞生得益于近代生产力的大幅提高，可以说，没有大工业生产就没有幼儿教育机构的产生。最初学前教育机构的出现，源于一些社会开明人士、慈善家和自治团体等对社会问题的思考，还有对贫困工人阶级的同情，他们陆续兴办孤儿院、救济院等贫困家庭儿童救助设施。这种在资本主义初期作为社会救济措施的基础设施，虽然多数简陋，但的确为学前教育公共教育事业的建立打下了基础。

（一）幼儿园的诞生

1. 世界第一所幼儿园的诞生

1836年，福禄贝尔开办了一所幼儿教育机构，专门招收3~7岁的儿童，最后他将此机构命名为"儿童花园"，即幼儿园。这标志着世界上第一所幼儿园的诞生。

2. 我国近代第一所幼儿园的诞生

我国自己创办的第一所幼儿教育机构是于1903年在湖北武昌创办的湖北幼稚园。这所幼稚园由官方开办，并拟定了《湖北幼稚园开办章程》。翌年，幼稚园更名为武昌蒙养院。1905年，官方在湖南开办了同样的蒙养院。随后，在其它各地都出现了官方和私人开办的幼儿教育机构。

(二)学前教育机构的发展

1. 学前教育机构数量急速增加

经济的高速发展推动了学前教育基础设施的建设,使得幼儿园数量增加得很快。一方面,为满足每个孩子都能公平享受受教育的权利,机构数量的变化要能适应人口增加的速率;另一方面,政府大力推动学前阶段教育的普及和加强硬件建设为每个孩子入学提供保证。

2. 学前教育机构多元化发展

世界学前教育机构的供给途径多种多样,办园主体也有不同,包括国家教育部门、地方政府、社区、慈善团体、学校和私人等,而过去更多的以公有为主。为适应普及学前教育的需要,为进一步适应现代家长的不同需要。一方面,学前教育机构种类呈现多样化发展。这些托幼机构的结构、规模、教育方法和内容等不尽相同,进而在相互竞争中促进了学前教育机构的形式、功能、组织等多元发展的新模式。另一方面根据幼儿在园时间的长短,学前教育机构的入托时间也灵活多变,包括寄宿制、全日制、半日制、计时制等。除此之外,办园目的上也多种多样,有旨在解决家长工作忙碌问题的,有专门照度、教育和治疗残疾儿童的,也有为适应低幼年龄儿童发展需要而开办的,进一步促进了不同类型的学前教育机构的发展;除了因办园目的多样性所带来的机构类型多样化以外,以各派幼儿教育理论为办园宗旨的幼儿园也纷纷出现,学前教育机构的发展欣欣向荣。

3. 学前教育机构教育质量显著提高

从20世纪80年代开始,高质量的学前教育成为托幼机构的追求目标。在目标的推动下。各国纷纷出台相应的标准,以规范托幼机构的办园水平。教育水平及质量的提高也意味着对教师个人水平的要求相应提高,多数国家通常从限定教师文化水平的入职基准开始,然后再加强教师职业培训,来保证教师的专业发展。例如,要求教师必须具有大专以上学历,实行专门的教师资格制度,要求入职前有半年以上从事学前教育的实际工作经验等。这些相应的措施都是为保证教师具备足够的专业水平,以保证正常的教学质量。

4. 政府增加对学前教育机构投入

学前教育是实现教育民主化的第一阶段,为了从开始就满足每一个孩子受教育的权利,各个国家开始从政策、资金等多方面加大对学前教育机构建设的投入。资金投入包括基础设施建设、入学保障和人员聘用等部分,其中很大一部分投入在于满足孩子最低的入学要求,一方面,保证有足够的机构数量让所有孩子有学可上;另一方面,缩小处境不利的儿童与其它儿童的差距。

5.机构发展呈现一体化趋势

机构一体化,指的是将具有不同功能的托幼机构在一体化管理的基础上,充分利用家庭、社会和国家的资源,进行有效整合,形成教育合力,对0~6岁婴幼儿实施连续、一体化的保育和教育。

机构发展的一体化体现在三个方面:

(1)对不同年龄段孩子教育的延伸。现在学前教育的年龄范围不再局限于3~6岁儿童,而是向前延伸到刚出生的婴儿,这不仅体现在机构推出不同层次的班级,还体现在政策服务对象的延伸。

(2)机构密切与家庭、社区的合作与交流。机构的发展一定是与时俱进的,不仅与时代接轨,还要与家庭、社区等其它团体建立良好的沟通关系,例如,各国幼儿园都有"家长开放日",设定某一特定的时间,让家长亲自了解幼儿园发展的情况,平日就通过"家长布告栏"和资源手册等加强有效沟通。

(3)建立一体化的管理系统。学前教育机构一体化管理涉及政府、机构、行政以及教育。一些国家直接将托儿所与幼儿园结合形成新的机构,采用一体化的管理措施;还有一些国家则相继建立和发展了"以社区为基础的整合性早期服务机构",这些机构以社区为基点,整合及运行其它早期儿童服务功能。

三、学前教育思想的发展

在儿童教育思想探索的漫长岁月中,人们关于早期教育价值的思考和认识不断地深化,并在大量的实践中,形成了丰富的学前教育思想。最早关于儿童教育价值的发现,可追溯到西方教育家柏拉图、亚里士多德、昆体良等人,他们都提出了关于儿童教育的思想。柏拉图在其著作《理想国》中第一次提出学前儿童公共教育的思想,对后世的儿童教育实践有着非常深远的意义。我国关于儿童及教育的探讨也早有涉及,从孔子的"慈幼"思想,到贾谊的早期教育思想、颜之推的《颜氏家训》等,都是学者们结合自身经历与体验形成的,这些思想都为完善我国学前教育思想体系奠定了基础。

(一)对学前教育产生重要影响的西方教育家

在西方,对学前教育思想理论化体系的形成起着重要作用的是文艺复兴运动,在这一场思想解放运动中,人的意志得到了高度的重视。在关于儿童教育的认识当中,第一个专门对学前教育有深刻认识并做出系统论述的,当属夸美纽斯。

1.夸美纽斯(1592—1670)

夸美纽斯,捷克著名教育家,是历史上首位深入研究了家庭条件下学前教育的完整体系,并规定了其目的、内容和方法的人。他撰写了历史上第一部学前教育专著《母育学校》,是其儿童教育思想的集中体现,他被誉为"现代教育之父",他的研究为近代学前教育理论的发展奠定了一定的基础。

夸美纽斯对教育的作用及主导原则的看法如下:

(1)夸美纽斯认为教育不仅对人的社会生活具有重要作用,而且对人的发展也隐藏着巨大的价值。他一方面希望可以通过教育帮助失足青年回到正轨;另一方面,他希望借助教育的力量武装人的头脑,希望借助教师的力量促进学生智力水平的发展。他将人的头脑比作"思想的工场",比喻为能够接受刻印、制成各种形象的蜡烛。

(2)夸美纽斯认为教育的指导原则在于"教育适应自然",即教育要遵循自然界的秩序。在《大教学论》中,夸美纽斯列举出适应这条原则的例子——鸟类在气候适宜的春天而不是冬天或夏天孵化小鸟,园丁也选择在春天进行种植等,所以儿童的教育也应从春天开始。他一方面指出教育内容要符合客观规律,另一方面强调教育要依据儿童年龄特征进行,教育一定是建立在对儿童的观察之后进行的。

夸美纽斯对学前教育的思想如下:

(1)儿童观及学前教育的意义。夸美纽斯在其著作中将儿童比作"上帝的种子",比作比珠宝还要宝贵的"无价之宝",并对那些欺辱儿童的人们进行警告。他将儿童看作是最珍贵的礼物,非常稚嫩,为此呼吁父母们需要积极承担起教养责任。他认为学前教育的重要意义在于培养他们成为具有智慧、能正确管理自己各种事务、有才能的人。

(2)儿童学习的场所——母育学校。夸美纽斯依据人的年龄特征,将人从出生到24岁成年阶段的教育划分为前后衔接的4级单轨学制,这个学制包括母育学校(0~6岁)、小学(6~12岁)、拉丁学校(12~18岁)和大学(18~24岁)。而母育学校实际上是家庭教育的形式之一,家庭作为早期教育实施的场所,家长承担相应的教养任务,例如,培养孩子的体力、智力和道德能力,使孩子形成对周围事物初步的感知能力,拥有一个健康的身体,为后续学习打下基础。夸美纽斯将学习的内容划分为四大类,即胎教、体育、智育及德育,并编制了供孩子使用的历史上第一本图画书教材《世界图解》。

(3)幼儿的游戏与玩具。夸美纽斯基于孩子的年龄特点指出他们天生好动、好模仿,喜欢通过活动来满足自身的需求,所以人们不应该去限制他的自由,而游戏是最适合幼儿的活动方式。教师不仅需要给予孩子游戏的自由,还应该在教学当中使用游戏的方式。在游戏的过程当中,教师可以为孩子提供需要的工具,而这种工具一定是适合孩子使用的。

(4)儿童入学前的准备。夸美纽斯强调6岁以前的孩子身心发展水平是不适合进入小学的,而6岁的孩子应根据实际情况,推迟或提前半年到一年进入学校。值得注意的是,在儿童入学前,父母、教师或监护人一定要提前告知孩子上学的事情,安抚他的不安与焦躁,唤起儿童对于学校生活的向往和求知欲望,以便孩子做好心理准备来接纳新的环境。

2. 卢梭(1712—1778)

卢梭,法国启蒙思想家、教育家。他将对儿童重视的思想推向了一个新的高度,其理论在西方近代教育史上具有跨时代的意义。其主要的思想集中体现在代表作《爱弥儿》一书中。

卢梭对学前教育的观点,主要体现为自然的教育论。

卢梭认为自然赋予人们生来就是善良的、崇尚自由与和平的,偏见或人为的某些因素,使得他们的善良被破坏,所以他觉得要保持人的这种善性,因此教育最好的方法就是让儿童远离城市喧嚣而去农村接受教育。

基于自然教育原则的教育,其目的是培养"自然人"。这样的人不是原始社会的野蛮人,而是身心发达、体脑两健、不受传统思想束缚、跟随天性发展的新人。为了培养这样的人,要顺应自然的发展规律,而且要尊重儿童的个性特点。卢梭提出教育的三个来源,即"自然""人""事物",最终要实现的是以自然教育为中心,使事物的教育和人的教育趋同于自然的教育,三者相互配合,最终达到培养的目标。

3. 福禄贝尔(1782—1852)

福禄贝尔是近代系统学前教育理论的奠基人,被誉为"幼儿园之父"。他在实践的基础上创立了一套完备的幼儿教育理论和教育方法以及教材、玩具等,他的创举使学前教育成为教育领域的一个独立分支,自成一派,不断推动学前教育事业的完善与发展。

福禄贝尔有价值的理论主要有以下几个方面:

(1)幼儿自我发展的原理。福禄贝尔强调必须尊重幼儿的自主性,重视幼儿的自我活动。他认为幼儿的行为是其内在生命形式的表现,是由内在的动机支配的,通过这些行为,幼儿才能够成长发展。保育者的任务是帮助幼儿除去阻碍生命发展的障碍,让自我得到发展。

(2)"恩物"。在福禄贝尔幼儿园的教育实践过程中,为了帮助幼儿更好地认识自然、接触自然,他创制了一套供他们活动使用的玩具,将其称为"恩物"。玩具共有 6 组,按照适合幼儿的方式,仿照大自然的性质、形状和法则,可以帮助幼儿由简到繁、由易到难、循序渐进地认识周围的事物。

(3)论游戏与作业。福禄贝尔是第一个阐述游戏教育价值的人。他认为,引导幼儿自我活动的集中体现方式是游戏,游戏是幼儿生活中的一个因素,游戏既是幼儿内在本质的自发表现,又是内在出于其本身必要性和需要的向外表现,即游戏是幼儿内部需要和冲动的表现。游戏对于幼儿发展而言,绝不是无关紧要的,而是蕴含着重大发展价值的;适宜于幼儿身心发展特点的游戏,有益于幼儿体力、智力和社会性的发展,从而能帮助他们更好地认识周围的自然界和适应社会生活。而作业就是给幼儿设计的各种活动。作业活动是使幼儿的体力、智力及道德和谐发展的主要方法之一,从某种意义上来说,作业是"恩物"的发展,它将"恩物"的知识运用于实践,让幼儿在操作中使用,幼儿通过完成任务使自身得以完善与发展。但要注意的是,作业活动的开展一定是在学会使用"恩物"之后,因此"恩物"的主要作用在于吸收或接受,作业的作用在于表现或建造。

4. 杜威(1859—1952)

杜威,美国教育家,他顺应时代的潮流,否定了学科本位的传统课程设计模式,提出了以学生经验为中心的活动课程设计新模式,强调非智力因素在儿童发展过程中的价值。这些观点都具有跨时代的意义,他被称为现代最有影响力的教育家。

其主要的学前教育思想可以概括为:

(1)儿童中心主义。杜威认为传统教育最大的问题就是从外面或上面对儿童施行强迫的教育,儿童本身的发展一定是建立在他本能的原始冲动基础上的,所以即使是再好的教材,也无法帮助孩子的发展,学校生活的组织中心应是儿童,主张将教育的中心转移到儿童上来。

(2)教育本质论。杜威提出了著名的教育理论——教育即生活。他认为,儿童是在其本能的驱使下一步步发展的,教育就是儿童现在的生活过程,而不是将来生活的预备;教育应该供给他们足够生长或充分生活的条件。教育就是各种自然倾向和能力的正常生长。要重视儿童的生长过程,通过组织保证继续生长的力量,以保证教育的正常进行,同时让儿童依据自己的生长特点来实现自身的发展。既然教育作为一种社会生活过程,那么学校理所应当成为社会的一个部分,他进一步提出"学校即社会",在学校的环境中,要为孩子呈现他们现在阶段所处的社会生活环境。具体要求包括:①学校本身必须是一种社会生活,具有社会生活的全部内涵;②校内学习与校外学习要联系起来,两者间有自由的相互联系。学校作为一种特殊的环境,一定要蕴含促使个体成长的价值。

(3)教学观。基于杜威实用主义思想体系,他提出了关于有效教学的一些观点:

第一,"从做中学"。在杜威看来,儿童最好的学习方式就是让他"做事"。要满足孩子好动和工作的愿望,学校就应该多提供这样的活动机会。比如,让儿童了解工具的名称和特性。就可以让他在实际使用工具的体验中,逐渐熟悉其名称和使用方法,不一定非得用专门的教学时间,将它作为一个主题教给孩子,直接从故事中就可以让他们明白。所以,他所说的"从做中学",实际上也就是"从生活中学""从经验中学"。

第二,五步教学法。杜威认为在教学过程中教师要帮助学生掌握思考的一般方法,以促进书本知识与现实生活建立起紧密联系,强调学生的自主学习。他将教学细分为五个步骤,强调要从环境中激发孩子的思考欲望,并且让他们在试着提出自己的假设之后再回到情境中进行正误的检验,进而有所收获。例如,在科学活动"滚动"中,首先教师引导孩子思考什么样的情况下会让一个物体发生滚动,让他们提出假设,然后提供实物一起进行操作,那么孩子自然而然就学会了。

杜威的教育理论与其社会政治理论紧密地结合在一起,他强调儿童中心,但并不意味着忽视社会的需求,有一个合理的方式能将儿童的需求与社会的需求统一起来,那便是教育,所以,他反复强调学校的价值。

(二)对学前教育产生重要影响的中国教育家

1. 陶行知(1891—1946)

陶行知是我国现代教育史上伟大的人民教育家。他坚持立足中国国情,以创办中国人民自己需要的教育为己任。他一生都在从事旧教育的改革工作,积极推行生活教育、创造教育,努力实现普及教育的愿想,为我国的教育事业做出了突出的贡献。

生活教育理论是陶行知思想体系的基本观点。其理论的建构基于晓庄师范学校的办学实践,并在后期普及教育、民主教育等一系列探索中,逐渐丰富和完善起来。他的生活教育理论的形成与杜威的教育本质论有着很深的渊源,是在杜威思想基础上继承和改造发展起来的。

基于杜威的教育本质论,陶行知认为生活教育是给生活以教育,用生活来教育,为生活向前向上的需要而教育。继而他提出"生活即教育",一方面,生活就是教育,两者密不可分;另一方面,生活决定教育,有什么样的生活水平就对应什么样的教学水平,生活给予教育什么样的支持,教育便支持你怎样去过以后的生活,并且教育能改造生活。生活教育就是供给人生需要的教育,是教人生活的教育,而生活是社会的生活,故改造了生活也就是改造了社会,这便是"教育即社会的改造"。所以教育不能脱离人的生活而教,必须与人的现实产生联系。

陶行知提出"社会即学校",就是要完全将学校与社会的"高墙"拆掉,要将学校延伸到社会和大自然之中,在社会的大环境当中,任何人都可以做老师,任何人都可以学习,任何可以利用的东西都能供人们教学。而杜威的观点只是将社会中的一些东西搬到学校当中,将学校化身成一个微型的"社会"。

"教学做合一"是生活教育理论的教学核心方法,它建立在对杜威"做中学"思想的进一步改造。陶行知所倡导的"教学做合一"是指教的方法要根据学的方法,学的方法要根据做的方法,怎么做就怎么学,怎么学就怎样教,强调教与学以"做"为中心,最终的目的都是为了"做"。"做"不是单纯的体力劳动,而应该是在劳力上的劳心,在实践过程中获得"真知"。

陶行知认为儿童有很强的创造力,提出解放儿童的创造力,人们在教育儿童的过程中要为其提供手脑并用的条件和机会,从而进一步启发、解放他们的创造力。他提出了五个方面的方法来挖掘儿童的创造力:

第一,解放儿童的头脑。先把儿童的头脑从迷信、成见、曲解、幻想中解放出来,允许孩子们自由地想象。

第二,解放儿童的双手。批判传统教育中过于要求孩子"守规矩",不允许"乱说乱动",将其双手束缚起来,强调一定要给予孩子动手的机会。

第三,解放儿童的嘴巴。允许孩子表达自己的意见,鼓励孩子的好问。

第四,解放儿童的空间。让孩子有机会走出教室,给他们了解社会和大自然的机会。

第五,解放儿童的时间。不要将孩子的所有时间都被学习占据,而要留有他们自由支配的闲暇时间。

除了上述几个重要的学前教育思想之外,陶行知还为开拓农村教育事业及推动幼稚教育的普及做出了极大的贡献。他倡导创设适合中国国情的、省钱的平民幼稚园,在对中国现状进行实际的分析后,进而关注到农村、工厂是建立幼稚园的"新大陆"。他在南京创立了中国第一所乡村幼儿园——南京燕子矶幼稚园,还创立了乡村幼稚师范学校,提出了培养师资的新方法——"艺友制"。

2. 张雪门(1891—1973)

张雪门是我国著名的学前教育专家。他于1918年与几个朋友创立了宁波市第一所中国人自办的幼稚园——星荫幼稚园,并出任园长。之后又与人合办了宁波市第一所两年制的幼稚师范学校,亲任校长。他的一生都致力于幼儿教育事业的研究,将其实践经验整合撰写出多本专门的学前教育著作,如《幼稚教育》《幼稚园行为课程》《实习三年》等,为我国学前教育理论的建设做出了重要的贡献。

其主要的观点有:

(1)幼稚教育的目的。张雪门在其一系列理论著作中,明确指出:要改造我国的幼稚教育一定要立足于充分了解现实发展状况的基础之上,幼稚教育的发展绝对不能背离真正的教育原理,而且要基于每个阶段孩子生长的需求来制订教学计划。他认为幼稚教育的目的在于培养有健康体魄、良好劳动习惯和态度、不畏强权的民族自信心并且能积极适应新生活的国民。

(2)幼稚园的"行为课程"理论。张雪门注重幼儿课程的研究,创立了"行为课程",其基本思想是"生活即教育""行为即课程",强调通过儿童的实际行为,获得直接经验;同时又根据儿童的能力、兴趣和需要组织教学,主张采取单元设计的方法,打破各种学科的界限。

(3)幼稚师范的培养和见习。张雪门认为优秀的师资一定要让她们通过一系列的见习和实习的方式更全面地了解教师的工作。《实习三年》一书要求,在空间上,将师范生的实习扩展到整个社会;在时间上,打破传统师范生培养只集中在某一特定的时间点进行实习的传统,认为应该分散在每一年的师范教育中。他将实习分为四个阶段:组织参观、引导见习、指导试教、积极辅导,还强调平民幼稚园是师范生必须实习的场所。

第三节 学前教育的性质与特点

学前教育的性质与特点是由学前儿童身心发展规律和社会发展要求所共同决定的,既反映学前教育与其它阶段教育的联系,同时也揭示学前教育与其它阶段教育的区别。

一、学前教育的性质

(一)奠基性

学前教育的奠基性可以从以下两个方面来理解:一是学前期对整个人生的奠基意义;二是学前教育在学校教育体系中的基础地位。

人生百年,立于幼学。学前期作为人毕生发展的奠基阶段,不仅是智力形成的关键时期,而且还是人格陶冶最重要的时期。

学前教育作为我国学制的第一阶段,是基础教育的有机组成部分,具有奠基性。《幼儿园工作规程》明确规定:"幼儿园是对3周岁以上学龄前幼儿实施保育和教育的机构。幼儿园教育是基础教育的重要组成部分,是学校教育制度的基础阶段。"学前教育也是人终身教育的基础。这意味着,学前教育应该注重培养儿童那些诸如基本态度、基本能力、良好习惯等能为儿童今后进一步学习与发展提供有力支持的品质。只有这样,才能真正体现学前教育的奠基作用。

(二)公益性

学前教育的公益性是指学前教育是为全民谋福利的事业。它意味着办学前教育,受益的应该是全社会和全体儿童,不能将学前教育办成那种让少数人受益的教育。学前教育在我国的法律、政策文件中都体现出"非盈利性""公益性"的特点。1997年教育部颁布的《全国幼儿教育事业"九五"发展目标实施意见》中又特别提出:"幼儿教育既是教育事业,又具有福利性和公益性的特点。"《幼儿园工作规程》重申:"任何组织和个人举办幼儿园不得以盈利为目的。"2010年的《关于当前发展学前教育的若干意见》更是明确指出,学前教育是终身学习的开端,是国民教育体系的重要组成部分,是重要的社会公益事业。办好学前教育,关系到亿万儿童的健康成长和千家万户的切身利益,关系到国家和民族的未来。

学前教育的公益性首先是由其社会功能所决定的。学前教育不仅使幼儿及其家庭受益,而且可以外溢给社会,在提高国家人口素质、减少贫困和犯罪等社会问题方面,起到了早期预防的作用,并为国家未来人力资源的开发奠定了基础。正因为如此,国际社会,包括许多发展中国家,都切实地把对学前教育的投入看作是为国家积累财富,将学前教育放在优先发展的位置上,国家更多地承担起发展学前教育的责任,并坚定不移地执行职责。

此外,接受学前教育是所有儿童都应该公平享有的基本权利,这也可以认为是其公益性的表现之一。《儿童权利公约》规定,生存权和发展权是每个儿童都应有的基本权利;《世界全民教育宣言》指出,出生即为学习的开始,各会员国应为所有儿童提供早期保育和教育;《达喀尔行动纲领》提出的全民教育六大目标之首就是扩大和改善幼儿,尤其是最脆弱和条件最差的幼儿的全面保育与教育。

也有人指出,公益事业的实质是社会财富的再次分配,在资源有限的情况下,公共财政首先向弱势群体倾斜可起到促进社会公平的作用。而大量国际研究证明,以社会处境不利儿童为优先照顾对象的学前教育能够降低和抵消不利社会地位(社会等级、贫穷、性别等潜在因素)对其发展的负面影响,使他们有更多机会脱离贫困,打破"一代贫困,代代贫困"的恶性循环,促进社会阶层的流动,进而促进社会的稳定。因而,世界各国在发展学前教育时,特别是在资源不足的情况下,都将有限资源首先用于保证各种社会处境不利幼儿的学前教育机会上。

(三)非义务性

当前,我国的学前教育并不属于义务教育,因此具有明确的非义务性。一方面,学前儿童去幼儿园接受教育是自愿的而非强迫的。家长完全可以根据孩子和家庭各方面的情况,综合考虑是否送孩子进托儿所或幼儿园,以及送孩子进哪所托儿所或幼儿园,学前儿童在学前教育机构的学习可以是自主的、自由的。另一方面,对于幼儿园来说,他们也不必按照义务教育阶段来使用统一的教学大纲。每个幼儿园都可以按照自身的情况来选择适合本园学前儿童的课程和其它活动,因此组织和管理更加具有个性化。

二、学前教育的特点

学前教育作为整个教育体系的有机组成部分,是人生教育的起始阶段。与其它类型和阶段的教育相比,学前教育有自身突出的特点。

(一)启蒙性

所谓"启蒙",即"开启蒙昧"。学前儿童对客观世界的认识尚处于朦朦胧胧的阶段,还不能接受一些系统性、科学性的知识。因此,学前教育要对儿童进行最基本的、入门式的教育,为其以后的学习和发展打下初步的基础。学前教育启蒙性的完整含义表现在学前教育的目标、内容和方法都要具有启蒙性。学前期是学前儿童生理发育、认知发展、个性萌芽的初级阶段,因此这一阶段的教育不以传授系统科学的理论知识和过多的技能技巧作为主要目标,而是要为学前儿童今后的学习和发展打下扎实的基础。为了实现这一目标,学前教育的学习内容也多与学前儿童的生活经验密切相关,采用的学习方法也多强调学前儿童的主动探索、操作实践、合作交流和表达表现,启发学前儿童养成良好的学习品质。

(二)生活性

早在 20 世纪,我国著名教育家陶行知就提出了"生活即教育"的理论。在他看来,教育要以生活为中心,教育不能脱离生活,教育要通过生活来进行。陈鹤琴也提出"大自然、大社会都是活教材"的观点,强调教育的生活性。学前教育的生活性体现在两个方面:一是学前教育内容来源于生活,是学前儿童熟悉的、感兴趣的、有认知需要的实际的内容;二是学前教育以生活的方式进行,让学前儿童在生活中学习生活。学前教育的生活性能使学前教育反映社会生活中学前儿童个体的需要,帮助学前儿童更好地了解社会生活,也使学前教育成为生活的一部分,从而真正体现学前教育的价值。

(三)游戏化

游戏是儿童活动的基本形式之一,它通过虚拟情境再现成人的社会经验和人际关系,从而使儿童达到认识周围世界的目的。学前儿童是具有独立人格的、社会的人,是不同于成人的、正在成长发展中的人。就像成年人需要工作一样,学前儿童也需要游戏。游戏在儿童世界中的存在非常普遍,对儿童的魅力更为独特。游戏能赋予学前儿童最大程度的自由,使他们获得在不同空间的运动能力。学前儿童通过游戏反映和表达自己的经验,家长和教师也能通过观察儿童的游戏来进行反思。学前儿童在游戏中发现问题、解决问题,获得身体、认知、社会性和情绪等多方面的发展。

《幼儿园工作规程》已明确了游戏在幼儿园教育中的地位,将"以游戏为基本活动,寓教育于各项活动中"专门作为幼儿园教育的一条指导原则,指出"游戏是对幼儿进行全面发展的重要形式"。学前教育面对的是学前儿童,教育的内容方式和组织要充分考虑学前儿童学习的方式和特点,注重游戏性和趣味性,寓教育于学前儿童的生活和游戏中。

(四)直接经验性

按照皮亚杰的认知发展阶段理论,学前儿童的思维属于典型的具体形象思维,思维依靠具体的形象事物。学前儿童认知水平较低,知识经验缺乏,主要通过各种感官来认识世界。只有在获得丰富的感性经验的基础上,学前儿童才能理解事物,才能对事物形成相对比较抽象的认识。学前儿童的这种具有行动性和形象性的认知方式和认知特点,使得学前教育必须以学前儿童主动参与的教育性活动为其基本的存在形式和构成成分。对于学前儿童,只有在活动中的学习才是有意义的学习,只有在直接经验基础上的学习才是理解性的学习。因此,在学前教育中,要注意为学前儿童提供丰富的实物材料和真实的生活情境,帮助他们获得直接经验。

第二章　学前教育与儿童发展

　　学前教育作为一种教育活动,是以学龄前儿童为教育对象的,而学龄前儿童身心发展的规律则是学前教育的重要依据。学前教育与儿童发展又是一个相互作用、相互制约的复杂过程。所以,我们不仅要研究学前教育与社会发展的关系,而且还要研究学前教育与儿童发展的关系。

　　在儿童发展问题上,关于儿童的发展是指什么,儿童是怎样发展的,受哪些因素影响,起主要作用的因素是什么,各因素又如何作用于儿童等,都是学前教育中一直有争议的问题,也是学前教育学的重大理论问题。随着教育科学与人们认识水平的不断发展,对这些问题的认识也在不断提高。

第一节　影响儿童发展的诸因素

　　研究儿童发展与学前教育的关系,首先应了解儿童发展的基本含义以及影响儿童发展的诸因素。

一、儿童的发展

　　儿童的发展,是指儿童在成长的过程中,身体和心理方面有规律地进行量变与质变的过程。其中身体的发展,是指儿童机体的正常生长和发育(包括形态的增长和功能的成熟);心理的发展,是指儿童的认识过程、情感、意志和个性的发展。对学前儿童来说,其身体的发展与心理的发展是密切相联的,儿童年龄愈小,其身体发展和心理发展之间的相互影响也就愈大。

　　儿童的发展受到诸多因素的影响,有先天的和后天的因素;有生物的和社会的因素;有生理的和心理的因素;有物质的和精神的因素。这些因素都会对儿童的发展产生不同的作用。

二、影响儿童发展的诸因素

　　影响儿童发展的因素有很多,但概括起来最基本的有遗传、环境和教育。

(一)遗传

遗传现象是由染色体中基因的组成部分(主要成份为脱氧核糖核酸DNA)及其排列组合特点所形成的,它是储藏、复制、传递信息的主要物质基础。这些基因在人的遗传素质中起重要作用。儿童就是通过遗传获得人的机体的解剖生理结构及特点,如体型、皮肤及五官的个人特点,神经系统,特别是脑结构和机能的特点等。

大量的实验研究已表明,遗传在儿童的发展上具有重要作用。首先,遗传素质为儿童的发展提供物质前提。因为儿童的发展总是要以遗传获得的生理结构为前提条件。其次,遗传素质的成熟度制约着儿童身心发展的过程及其阶段。再次,遗传素质的差异性是构成儿童身心发展个别特点的因素之一。儿童发展上的差异,在一定程度上受到先天遗传素质的影响。

但是,遗传素质并不能单一地决定儿童的发展,儿童具有的遗传素质只有与社会环境以及教育相互作用时,才能实现其对儿童发展的影响。

(二)环境和教育

环境和教育对儿童的发展有着特殊的重要作用。人的生存和发展离不开环境,对儿童来说更是如此。儿童自出生后,其生理的发育和心理的发展都离不开一定的环境条件与环境刺激。良好的生活环境,营养和保育条件可以使儿童机体获得正常的生长发育。而外界适宜的环境刺激则是儿童心理发展的源泉,没有外界环境条件的刺激,就不可能有儿童心理的正常发展。儿童心理发展的特征也是在与人的交往以及周围环境的相互作用中发展和形成的。所以,环境对学前儿童的发展,比其它年龄阶段的儿童有着更为重要的作用。

与遗传、环境相比较,教育在儿童身心发展中具有更为独特的作用。所谓教育,就是根据一定的社会要求,用一定的内容和方法,对儿童实施有目的、有计划、有系统的引导和影响活动。由此可见,教育因素与一般的环境因素不同,教育因素对儿童发展的影响不纯粹是自发的、随意的,而是一种有目标的影响行为。所以,通过教育可以使儿童优良的遗传素质得到充分的显现,即使遗传所提供的某种可能性变为现实性,并可影响和改造不良的遗传素质。教育还可以对环境加以取舍,并可发挥和利用环境中的有利因素,减少或消除不利因素,从而促进儿童的正常发展。

(三)儿童自身的能动性

儿童的发展,除了受遗传、环境和教育等因素影响外,还取决于其自身的能动性。这是决定儿童发展方向与发展水平的又一个不可忽视的因素。因为儿童在发展过程中,不是消极被动地接受外部环境的影响,而是积极主动的学习者,他们对环境的刺激有较强的选择性,并表现出作为独立的生命体所具有的能动性。因此,同样的环境对于不同的儿童可以产生不同的影响。另外,从儿童的心理发展来看,儿童认识外界是儿童内部的主动活动的过程。没有儿童自身能动性的体现,其它因素的作用也难以完全得到实现。

综上所述,儿童的发展决不是某一种因素单独影响的结果,而是多种因素综合地、系统地相互作用的结果。其中儿童的主观能动性对儿童的自身的发展尤为重要,我们不能孤立地、静止地强调遗传、环境和教育的作用,更不能忽视儿童主观能动性对其发展的重要作用。只有这样,才能全面地认识儿童的发展与教育问题。

第二节 关于儿童发展的理论

对遗传、环境和教育等因素与儿童发展的关系的看法,由于有其深远的哲学背景和历史渊源,从而导致了各种不同的理论。从我国春秋时期的孔子及其稍后古希腊的柏拉图开始,近两千多年来,古今中外的哲学家,教育家对这一根本问题展开了激烈的争论。有的认为人的发展主要是由先天因素决定的,有的认为人的发展是由后天因素决定的,也有的则认为人的发展与其它因素有关系,由此形成了不同的学派。

一、格塞尔的成熟势力说

美国心理学家格塞尔(Arnold Gesell)在经过近半个世纪的儿童发展的实验研究后,提出了"成熟势力说"。这一理论认为,儿童发展是一个有规律的顺序模式的展现过程,而这个顺序是由物种和生物进化的顺序决定的。所有儿童都按照这个顺序发展,但发展速度则由每个儿童的遗传类型而决定。环境和教育不是发展的主要原因,它虽然可能暂时影响儿童发展的速度,例如营养不良或教育剥夺就可能影响发展的速度,但后者最终还是由生物因素所控制。

格塞尔试图通过一项庞大的儿童研究项目,来证明后天教养经验并不影响儿童的发展,并认为:从发展的整个过程来看,遗传因素具有统帅性和决定性作用;从发展的最终结果来看,环境的影响也是极为有限的,环境只是给发展提供适当的时机而已。这一理论的主要事实根据来源于他著名的"双生子爬阶梯"实验。由此他断定,在儿童的生理成熟之前的早期训练对于最终结果没有多大作用,成熟是发展中起主导作用的因素。

由于格塞尔这种成熟研究本身的深刻性以及他的成功的实验,人们普遍重视和欣赏他的理论。但这种理论也存在一个根本性的缺陷,即过分夸大生理成熟的作用,而忽视儿童发展的其它条件。虽然格赛尔也偶尔提到环境和教育的作用,但却从未认真考虑过早期环境剥夺和教育剥夺的问题,只是把环境和教育的影响放到了一个极不重要的位置,以致不可避免地犯了以偏概全的错误。

二、洛克的白板说

英国哲学家洛克(Locke),继承和发展了培根和霍布斯的唯物主义经验论,提出了著名的"白板说"。他认为,人脑开始只是一张"白纸,没有特性也没有观念"。人的一切观念都来自(后天)经验,根本就"没有什么天赋原则"。他认为,观念的来源有两个:感觉(外部经验)和反省(内部经验)。我们大部分经验是从感觉而来。

洛克认为,儿童发展的原因在于后天,在于教育。他认为,儿童和以及没受过教育的人,对数学公理、形式逻辑既不知道,也根本不会想到。"我们日常生活所见的人中,他们之所以或好或坏,或有用或无用,十分之九都是由他们的教育所决定的。人类之所以千差万别,便是由于教育之故。"

三、华生的环境决定论

美国行为主义心理学家华生(John. B. Watson)从其行为主义心理学思想出发,提出了儿童发展的环境决定论。其主要内容是:

(1)否认遗传在儿童发展中的作用。在他看来,行为发生的公式是刺激—反应。行为的反应是由刺激所引起的,刺激来自于客观而不是决定于遗传,因此行为也不可能取决于遗传。另外,他认为生理构造上的遗传作用并不导致机能上的遗传作用,由遗传而来的构造,其未来的形式如何,要取决于所处的环境。因此,他否认了遗传的作用。

(2)片面夸大环境和教育的作用。华生从刺激—反应的公式出发,认为环境和教育是行为发展的唯一条件,并提出了他闻名于世的教育万能论。他有一个著名的论断:请给我一打健康而没有缺陷的婴儿,让我把他们放在特殊的环境中教育,那么我可以保证,在这十几名婴儿中,随便拿出一个来,我都可以把他们训练为任何一方面的专家——无论其能力、爱好、兴趣、职业及种族如何,我都可以使他成为一名医生,一名律师,一名艺术家,或者是商界首领、乞丐或窃贼。这是典型的教育万能论观点。它夸大了儿童发展过程中环境和教育的作用,忽视了遗传和生理因素对儿童发展的重要影响。从而在根本上否定了儿童自身的主动性、能动性和创造性,使儿童成为万能教育的被动接受者。

四、安娜斯塔西的遗传—环境交互作用论

美国心理学家安娜斯塔西(Aneanastasi)提出了与众不同的遗传—环境相互作用理论。她认为,儿童的任何发展既有100%遗传的作用,又有100%环境的作用,只有二者相互作

用,才能促进行为的发展。遗传和环境既不是彼此独立的,也不是简单相加的关系,而是相乘的关系,它们完全交织在一起不可分离。至于遗传和环境如何交互作用,才能促进行为的发展,安娜斯塔西认为这是一个非常复杂的过程,每个儿童的遗传和环境交互作用的方式和交互作用的时间不会完全一样,因此人们只能大致概括出遗传作用表现的几种可能性:

(1)相同的遗传素质在不同的环境条件下,可以有不同的发展结果。

(2)不同的遗传素质在不同的环境条件下,可以导致相同的发展结果。

(3)在相同的环境条件下,不同的遗传素质会导致相同的发展结果。

(4)在不同的环境条件下,相同的遗传素质可能导致相同的发展结果。

安娜斯塔西的这一理论确实把遗传和环境问题的理解向前推进了一步,当我们用这一理论单独讨论遗传或环境的影响时,其条理是清楚的,也是容易理解的。但是,把遗传和环境的各种可能性综合加以考虑时,就很难说清楚二者是如何交互作用的了。这是安娜斯塔西遗传—环境交互作用理论的最大不足之处。

五、维果斯基的"最近发展区"理论

教育学家维果斯基,最早对教育与发展的关系进行了比较辩证的论述。他认为,儿童的发展是在社会环境和成人的教育影响下逐渐转化的过程。教育与发展是处于最复杂的动态制约关系之中的。他将教育的过程建立在尚未成熟的心理机能上,提出"教育教学应走在儿童发展之前",教育的作用在于创造"最近发展区",推动儿童内部的发展过程。另一方面,维果斯基还强调儿童的发展必须依赖于后天的教育。他根据对儿童智力发展的实验研究,提出了儿童发展的两种水平:第一种是现有水平,即由已经完成的发展程序的结果而形成的,表现为儿童能够独立地完成某项任务,教育对此不具影响。第二种水平则指尚处于形成的阶段,即最近发展区。维果斯基认为,教育就是变最近发展区为现有发展区,从而促进儿童的成熟和发展。

六、赞可夫的教学结构作用论

教育学家赞可夫,对教育教学与儿童发展的关系进行了长达20年的系统实验研究。他在《教学论与生活》一书中指出:"承认教育在儿童发展中的主导作用,绝不意味着忽视发展的内在规律性[①]",并对教育教学与儿童发展的关系作了"外因通过内因而起作用"的辩证唯物主义的解释。他认为,维果斯基正确地指出了教学对促进儿童尚未成熟的心理机能逐渐

---

① 赞可夫.俞翔辉,杜殿坤,译.教学论与生活[M].北京:教育科学出版社,2019

成熟的作用,但却忽略了一个问题,即儿童可能因教育教学过程的安排不同,而表现出不同的发展,于是他提出了"教学结构决定儿童发展进程"的思想,并通过实验研究提示了两者之间的因果关系。

但是,教育学家查包洛塞茨认为,教育不可人为地加速儿童的发展。教育可以加强和促进儿童的发展,或自然地加速儿童的发展,但却不可更改,甚至是超越儿童发展的自然进程。

有学者试图采用辩证唯物主义的观点来解释教育教学与儿童发展的关系,不像行为主义学者那样,认为教育机械地决定儿童的发展。儿童如何发展,向何处发展,既不是由外因(教育教学)机械决定的,也不是由内因(自然成熟)孤立决定的,而是由适合于内因的一定外因条件决定的。也就是说,儿童的发展主要是由适合其发展内因的那些教育条件所决定的。从而使赞可夫的"教学结构作用论"更为完善、更为丰富。

七、皮亚杰的认知发展理论

瑞士心理学家皮亚杰(Piaget)提出了儿童发展理论。他认为,儿童心理的发展乃是先天因素和后天学习相互作用,不断发展的过程。他提出儿童心理发展的四个基本要素:成熟;练习和习得的经验;社会性经验;具有自我调节作用的平衡过程。由于这些因素的相互作用,促使儿童的发展。皮亚杰在解释儿童为什么能对各种外界刺激作出这样或那样的反应,儿童为什么能从较低水平向较高水平发展的现象时,认为这是由于个体具有某种图式(动作的结构,人类认识的基础)能同化(个体把客体纳入主体的图式之中)外界的刺激,从而引起图式量的变化。当图式不能同化客体时,就需要调整原有的图式或者建立新的图式(即称顺序),引起图式质的变化,以适应新环境,达到认识上新的平衡。因此,在他看来,儿童的发展是一个过程,就是通过教育或外界刺激,个体不断进行新的同化和顺序的循环往复的过程。在发展的过程中,儿童的主观能动性是贯穿始终的。

尽管有人对皮亚杰的认知结构提出过不同的意见,但是当前西方国家常以他的理论为基础,设计幼儿园的教育方案(课程模式),并进行了一系列的实验研究,以探讨更有效的教育方法。这都与皮亚杰的发展理论有密切关系。这一理论摆脱了机械论、被动论的观点,较全面、辩证地描述儿童发展的过程;重视儿童的内在需要和心理特点;重视儿童通过自己的动作或操作活动进行学习,获得实际经验;重视儿童在发展过程中其主观能动性的影响作用。这也是他的发展理论之所以能产生如此巨大影响的重要原因。

八、戈特利伯的教育职能模式理论

教育职能,即教育在儿童发展中究竟起什么作用,如何起作用,这也是儿童发展理论中一个十分重要的问题。

美国心理学家戈特利伯(Gottlieb)提出后天的教育经验对儿童认知作用的3种模式,以描述教育在儿童发展过程中的具体作用及其作用机制。他认为,后天教育经验对儿童发展的作用表现为3种模式:

第一,维持作用。即儿童某些认知能力能够完全自然地发展,而教育的作用只是使儿童维持现有智力水平。如果没有这种后天教育的经验,现有能力就会降低,就难以"维持"。这种模式的特征是,个体在学前期是否处于一定的教育环境,决定其某些认知能力是否能得以维持。

第二,促进作用。即后天教育经验只影响儿童发展的速度而不影响儿童发展方向和顺序。如果没有这种后天经验,儿童照样可以向前发展。这种发展模式的特征是,个体在学前期所需要的后天教育是否存在,决定其认知能力的发展速度。

第三,诱导作用。即后天教育经验的存在与否直接决定儿童某种能力的发生和发展。反之,这种能力就不能产生,更无从发展。这种发展模式的特点是,强调在儿童认知发展的关键时期中(主要在学前期),所需要的后天教育经验的存在与否,决定了认知能力能否产生和发展。

上述各学派关于儿童发展的理论,在教育发展的历史进程中,都已产生过一定的影响作用。今天,我们可以借助这些理论,正确地认识儿童的发展,并用以指导教育实践。同时还应不断地丰富和完善儿童发展的理论,为现代社会学前教育的改革奠定科学的理论基础。

第三节　儿童观的发展与教育

儿童观,是指人们对于儿童的看法和认识。它主要包括人们对儿童期的意义、儿童的地位与权利、儿童的特质和能力、儿童的生长发展的原因与形式,以及儿童在其发展过程中所起的作用等问题的看法或认识。人们对于这些问题的认识或观念的总和,就构成一定社会(或时代)的儿童观。儿童观的形成虽说是人们对儿童问题的主观认知,但是一定社会的儿童观,又总是要受到社会的政治、经济、科学技术和传统文化等多种客观因素的影响与制约。儿童观的发展随着社会的发展而不断变革和更新。因此,了解儿童观的演变历史及其特点,有助于对儿童的正确认识,树立科学的儿童观。

儿童观是教育观的依据。有什么样的儿童观,就会有什么样的儿童教育观。所以,儿童观的问题,不仅是做好教育工作的前提,而且也是构成学前教育理论的重要组成部分。

一、关于儿童期的理论

儿童期,是一个人发展过程中的起始阶段,儿童期是一种客观存在。但是对于儿童期的实际意义的认识,却经历了一个认识过程。十九世纪末、二十世纪初,人们对儿童的特质与能力的认识进入了一个新的发展阶段。在这一阶段,人们对此有两个显著的成就:第一,揭示了儿童期在人类发展进化过程中的作用和意义;第二,发展变化的观点成为人们研究人的发展和儿童的发展的指导思想。

(一)儿童期的发展意义

过去,人们往往把儿童期的存在只看作是一种自然的必然,就象青蛙成形以前,必须有一个蝌蚪阶段一样,蝌蚪的尾巴显然对青蛙是没有什么意义的,它仅仅是蝌蚪生活的必要部分。那么人类的儿童期是否也像蝌蚪的尾巴那样,对人类以后的发展毫无意义呢?人们只是注意到了儿童的软弱无能,并把它视作儿童的弱点,而没有去思考儿童期本身的价值和意义。

十九世纪由于自然科学得到了长足的进步,细胞的发现,能量守恒定律和达尔文的生物进化论,改变了人们对自然、社会与人的看法以及思维的方法,用发展变化的观点来研究事物的本质和规律,已作为"时代的精神"被人们所接受。把儿童作为研究进化发展的最好的自然实验对象,引起人们普遍兴趣。

人们发现,低级动物几乎没有幼年期,它从遗传获得的行为能力足以使它立即"进入生活",从而表现为其初生崽对环境适应能力远比人类婴幼儿要强。一般动物的不成熟期也很短,出生后不久就会成熟,如鱼、鸟的非成熟期不过数月。动物所处的进化阶段越高,它们的非成熟期就越长,在出生时,它们的先天本能的行为方式不成熟,不能保证他们独立地面对生活,必须经过一段时间,各种与种族生存有关的重要本能才能成熟完善起来。同时,个别经验的作用在其发展过程中越来越重要,需要后天学习。而从遗传中带来的本能,在高级动物阶段比低级动物阶段要少得多。而婴儿出生时的柔弱无能,则表明他们大多数行为能力不是靠遗传,而要靠后天的学习获得。儿童期正是这种学习期。儿童的柔弱无能,恰恰是他具有适应复杂环境的发展潜力和可塑性的表现,这是人类发展的重要条件。

(二)儿童期意义的发现与学前教育的发展

儿童期的意义被发现后,人们不再像过去那样忽视、鄙薄儿童期,而是不断开拓儿童期的重要性,儿童本身成为科学研究的对象。以儿童为研究对象的科学研究,尤其是儿童心理学的产生和发展,为人们科学地认识儿童的特质和能力,把教育建立在科学的基础上提供了条件。这一时期的学前教育,无论是在理论上,还是在实践上,都取得了重大进展。以福禄贝尔、蒙台梭利为代表的教育家,积极估计学前儿童身心发展的能力和潜力,为他们设置了包括体育、语言教育、数字教育、道德品质教育、绘画、泥工、音乐、劳动、游戏等多方面内容的课程,使学前教育的内容结构趋向合理、完善,奠定了现代学前教育的基础。但由于受到进化论和生物学的影响,这一时期人们的儿童特质和能力观带有浓厚的生物学的色彩,往往把儿童看作是各种本能的携带者,把本能看作是发展的原始驱动力和教育的基础。但同时,科学的儿童教育观也开始建立,因为它正是基于儿童生理和心理发展规律基础上研究儿童教育的问题,而且作为教学内容和方法,也开始向体系化、系统化的方向发展,并在教育实践中产生了重大的影响,为学前教育学的发展奠定了基础。

二、儿童观的演变

(一)儿童地位观

在儿童观发展的历史长河中,有两种截然不同的儿童地位与权益观。人类社会在儿童享有何种地位与权利的问题上,经历了国、家本位到人本位的演变过程。

1. 国、家本位的儿童地位观

儿童作为人类的延续和发展,很早就受到了人们的重视。不论在东方和西方,人们都普遍重视儿童,如早在2000多年前,孔子就提出了"慈幼"主张,即要求人们爱护和关怀孩子。战国时期,"慈幼"被人们作为考察各国政绩的一条标准。儒家还将"慈幼"思想具体化,如制订"慈幼"的礼仪,对生子、取名等都有具体的规定等。

"慈幼"思想虽然在我国有悠久的历史,但其基点不是儿童权益本身的维护,而在于国与家的政治经济利益,"慈幼"是作为齐家治国、富国强兵的手段来使用。由此形成的以成人为本位的儿童教育观,把儿童受教育看成是成人的赐予,是国和家利益的需要。

2. 人本位的儿童地位观

十四至十六世纪欧洲的文艺复兴运动,高举人文主义旗帜,把人从神的束缚下解放出来,形成以人为中心,一切为了人的利益的新型人类观,从而为儿童的命运带来重大转机。这种新的儿童观,要求人们珍视儿童,热爱儿童,尊重儿童,反对把儿童看成是天生的罪人。认为儿童是甜蜜、天真、纯洁无瑕的,儿童一出生就具有一切道德的、理智的、身体的能力萌芽,如果用适当的教育加以培养,就能使儿童一切内在能力和善良的天性和谐地发展起来。特别是第二次世界大战后,由于人权意识的昂扬和许多关心儿童问题人士的努力,国际社会普遍重视保护儿童的基本权益,并于1959年11月20日第14届联合国大会通过了《儿童权利宣言》,肯定儿童和成人一样,应当得到人的尊严和尊重,享有生存、生活和学习的权利,成年人和社会应当保障儿童的这些权益。

以人本位的儿童观为出发点的教育观,要求保护儿童的生命和健康,为他们提供基本的营养、居住、娱乐和医疗条件;教育机会均等,使每一个孩子都能受到良好的教育,获得体、智、德、美各方面的和谐发展。儿童是学习的主体,教育者和儿童在人格上是平等的;教育者虽然受社会委托向儿童进行教育,但是必须尊重儿童的人格、意愿和兴趣,不得任意处置儿童,保护儿童免受任何形式的虐待、歧视和剥削。这些要求构成为现代教育民主化的基本趋势。

目前,世界上关于儿童权益的国际法、契约和宣言已达80个之多,鉴于目前许多文件不具有法律上的强制性,1989年联合国大会又一致通过了《儿童权利公约》,为儿童的保护和福利订立了一套全面的国际法律准则。为了让每个儿童拥有更美好的未来,《公约》要求在2000年以前努力结束当前存在的儿童死亡及儿童营养不良的状况,并为全世界儿童身心的正常发展提供必要的保护。1990年9月30日,联合国在纽约召开了世界儿童问题首脑会议,确认在儿童问题上的进步应当成为国家全面发展的一个主要目标。

(二)儿童能力观

人们对儿童能力的认识经历了一个发展过程。

1."无知无能"的儿童观

在十八世纪以前,人们对儿童特质与能力的认识始终停留在感性直观的基础上,把儿童看成是"软弱无能"和"无知"的,但又认为儿童具有身体发育和行为习惯上的"可塑性"。夸美纽斯、洛克和卢梭等,正是基于儿童可塑性强的特点,强调了早期教育的重要性。卢梭还强调根据儿童年龄差异、性别差异和个性差异,实施不同的教育,从而促使其身心健康发展。但是,他们的共同点是,对学前儿童智力的估计是消极的,认为他们只是被动地接受教育,而忽视儿童在这个过程中的能动作用。

2."人格主体"的儿童观

这种观点认为儿童具有独特的人格力量,所以教育应注重人格的塑造。为此,必须注意研究和改善儿童的抚养技术,还必须注重儿童情感发展与个性培养。

从二十世纪30年代开始,以弗洛伊德为代表的精神分析学派,在对儿童个体心理发展研究的基础上,得出了幼儿期是"人格主体"形成的关键期的结论。他们认为,儿童在学前期就已形成"人格"主体,以后的成长和变化仅仅是在成形的人格结构上作一些小小的改进而已。如果在幼儿期,儿童获得的情感太少,冲动和欲望得不到表现,体验到不幸和挫折,就易导致情绪障碍,而使人格成长受到影响。所以幼儿期是重要的,因为在此期间形成的"人格"特征将会影响到他的一生。

"人格主体"理论的提出,大大改变了成人对儿童的态度,因为他们不是简单地、被动地接受外来信息，而是对外来信息产生积极的呼应，通过主、客体的矛盾冲突最终会塑造出幼儿特定的人格特征。人们开始认识到，儿童最初对外界的反应是情感方面的，随后才是社会性的和身体方面的。他们最早的经验可能在其心理发展和性格的形成上留下深刻痕迹。由此认为，幼儿的一切情绪，不管是积极的还是消极的，都应得到表现，应当为幼儿提供发泄和表现自己内心情绪的途径。角色游戏、音乐、绘画、身体运动等都被看作是幼儿教育的重要组成部分，并主张让孩子通过玩耍，学会表达、接受与掌握情感和幻想。要求教师抑制对不合要求的行为的惩罚，努力去了解这种行为里面潜藏的情绪原因，以帮助孩子去克服情绪障碍。

3. "富有学习潜力"的儿童观

本世纪下半叶以来，随着生理学、生化学、脑神经学和心理学的发展，人们对儿童的特质与能力有了新的认识。大量研究表明，新生儿的世界并不像人们过去想象的那样是"一片混沌"。早在胎儿时期，他们就有了听觉、触觉、记忆力和情感方面的反应。出生以后几小时他们就具有视觉偏爱，喜欢看人脸，会随着移动的灯光转移视线，能辨别声音差别和气味。通过学习，在实验室条件下，还能形成人工条件反射。例如，对新生儿的脚底发出触觉振动作为条件刺激物，同时又用吹气引起新生儿眨眼的防御性无条件反射。经过124次两者同时结合，在出生后第5天即能形成条件反射；每当脚底感觉振动时，就眨眼睛。这说明新生儿已具有很大的学习潜力。

生态学家根据对动物的研究，提出了"关键期"的概念。即小动物出生后在一段短暂的时间内，很容易形成某种本能的反应，错过这段时间，不能再形成。心理学家又把"关键期"的概念引入儿童心理的发展研究，认为在儿童心理发展过程中，同样也存在着"关键期"，即"敏感期"，指儿童在某一时期，学习某种知识和行为比较容易，心理上某个方面发展最为迅速。错过敏感期，学习起来较困难，发展也比较缓慢。例如，4岁前是形状知觉的敏感期，2~4岁是学习语言的敏感期，5~5.5岁是掌握数概念的敏感期。如果失去最佳教育时机，就会失去能力发展的最佳时机。

通过众多的研究，人类对儿童的特质与能力的认识达到了前所未有的高度，改变了长期以来忽视儿童，把他们看作软弱无能的生物体的传统观念。这不仅为学前教育提供了科学的依据，而且使学前教育在世界范围内得到了普遍的重视与迅速的发展。

（三）儿童作用观

从本世纪50年代开始，用积极主动的观点看待儿童发展中的作用逐渐被人们所接受。这种观点认为，儿童是外部世界积极主动的探索者、发现者，他们有自己的需要和兴趣，有自己的认知结构，不是消极被动地等待和接受外界环境刺激，而是主动对外部刺激加以选择，找出自己所需要的东西,拒绝不需要的东西。因此,同样的环境对于不同的儿童可以产生不同的影响。

儿童发展不是某一因素单独作用的结果,而是生物的、社会的、主观的、客观的多种因素多层次交互作用的结果。儿童的主观能动性,他自己的行为以及他和人与物相互作用的独特方式,对他自己的生活和发展产生极大的影响。

在教育上要坚持积极主动论的观点,发挥儿童在发展中的积极主动作用,就必须鼓励儿童在活动中学习。活动是主体和客体相互作用的桥梁,是儿童发展的基础和源泉,离开活动,就没有也不可能有完全合乎要求的教育。在活动中,教育者与受教育者之间的关系是交互的,双向的,成人可以影响儿童,儿童也可以影响成人。这种交互的、双向的关系,决定了成人在儿童活动中的地位。成人在儿童的活动中不仅是儿童在活动中交往的对象,同时也是儿童与周围世界交往的中介。儿童年龄越小,这种特点越明显。

纵观儿童观的演变历史,我们可以获得下列启示:一是要站在儿童的立场上去认识儿童的发展;二是要合理地开发儿童的发展潜能;三是要用发展的眼光去认识儿童的发展;四是不能忽视社会发展对儿童发展的影响。对这些问题全面认识,有助于真正地了解儿童,有助于树立与现代社会相适应的儿童观和教育观。

第四节 学前儿童的发展与教育

学前教育与儿童发展是一个复杂的、动态的相互作用、相互制约的过程。学前教育既是促进儿童发展的重要因素,同时又受儿童身心发展水平所制约。学前教育必须考虑儿童身心发展水平。儿童身心发展具有一定的顺序性和阶段性,并且在每一阶段上有着不同的发展水平和有其主要的活动形式,标志着该阶段的特征。学前教育的关键不仅要了解、掌握每一阶段的年龄特征,而且还应针对各阶段的主要特征开展教育。这样才能更好地促进儿童从前一个阶段向后一个阶段发展。

一、出生至1岁儿童的发展与教育

儿童从出生至满1岁的一年中,一直在以顽强的生命力适应着从母体内到母体外生活环境的巨大变化。出生前的胎内环境是非常舒适和安全的,出生后的生活环境就骤然巨变。要面对变化万千的外在世界,学会依靠自己的身体独立进行维持生命的活动。还要以最快的速度发育成长,从完全无力支配身体、不会翻身,到独立站立并开始会走;从只有感觉活动,到能听懂一些语言,会用动作、表情和声音表达自己的意愿,参加社会生活。在这过程中,其自身的发展具体表现在以下几个方面。

(一)生理方面

在第一年里儿童身高和体重增长最快,身高的增长值是出生时的50%,体重是出生时的3倍。第一年中儿童身体各器官构造和机能也处在不断发育成熟的过程中,如新生儿脑重只有350克,而1岁时就长到了950克;连接中枢神经和全身的植物性神经发育基本完成;胃的容量也逐渐增大。此时,婴儿的身体虽渐渐强壮了,但仍然十分嫩弱。

在对儿童进行生活护理时,要力求讲卫生,精心细微,动作轻柔。要合理的喂养,促进儿童正常的生长发育。

(二)动作方面

1. 身体动作协调性

在第一年中,儿童身体动作发展迅速,每个月都在明显的长进。最先学会抬头,然后是俯撑、翻身和爬。爬是婴儿动作发展中的一个关键性环节,早爬或爬得时间长的婴儿比晚爬或爬得时间短甚至于不爬的婴儿要聪明得多、成熟得多。爬行对放松全身、协调全身动作、增进儿童活动的主动性,以及扩大对环境的接触等是有益处的。

根据婴儿的这些特点,应尽量设法创造条件让婴儿在床上爬、地上爬。最初的爬行需要成人用手掌帮助儿童蹬脚,推助前进,进而可用玩具引诱婴儿向前爬行。

婴儿半岁以后,开始由成人扶着或抱着坐,但时间不宜很长。7个月独自坐着,8个月后练习由成人搀扶站或扶物站,同时开始练习扶着迈步走、练习爬阶梯。最后到1岁时便可达到独自站立,独立迈出几步。发展儿童站立和行走,可提供学步车、小围栏、小推车、球类、滚筒等。让儿童在成人照顾和帮助下学会使用这些玩具,逐步练习腿脚力量和动作的灵活性。

2. 手眼动作协调性

手眼协调动作是按眼睛的视线去抓住所见物体的手眼配合动作。3个月前的儿童手的抓握是无目的的,不协调的,自己抓不住东西。大人将玩具放到手中时而抓住又时而扔掉等。五六个月时能根据眼睛所看到的信息来调整或移动自己的身体去抓握所看到的玩具或物体。6个月以后婴儿的手指动作中出现了五指分工和双手配合的动作,如可以把积木拿进或拿出小篮子,还可以对准物体敲打等。儿童这种成熟的手的抓握动作能够极大地帮助儿童用手的器官去认识物体,认识世界,对其心理发展有着极为重要的意义。

发展婴儿手部动作,可提供一些类似摇铃、环状玩具、软硬塑料玩具、套叠玩具、小容器、积木、积塑、敲打玩具等。它们可以用来练习手的抓握,手眼协调以及准确性等能力。开始时可以由成人将玩具送到婴儿手中,引起手的碰触,引逗儿童抓握,直到婴儿学会自己去抓握摆弄。以后成人可逐步地帮助儿童练习装搭,并让儿童自己练习摆弄、操纵玩具进行装拆拼搭。家中的塑料盒盖,可以让儿童练习装盒、开关等手的动作。

撕纸是一项 1 岁前儿童感兴趣的活动,它也可以练习双手协调动作。用力撕纸过程有声响,撕纸后能变形,增加乐趣。撕纸活动先可由成人撕给儿童看,引起他模仿。当儿童撕纸时,成人可以在一旁看并说出撕纸的声响,撕的是个什么东西,以提高撕的兴趣。以上这些玩具之类的东西提供给婴儿玩时,千万要注意防止婴儿把小玩具、瓶盖、纸屑等物放入口中。

(三)感知觉方面

1. 视觉

婴儿一生下来就有了基本的视觉能力,出生不到 1 周的新生儿就已经具备了颜色视觉能力。视觉集中现象在两三周时就开始了,这时凡是活动的东西、响亮的或色彩鲜艳的东西,以及人脸等刺激都可引起儿童片刻的注视,这就是视觉集中现象。在人生第一年里婴儿的视觉集中时间会逐渐延长,距离也会逐渐由近到远。

为发展婴儿的视觉能力,练习视觉集中和视线随物移动,在儿童满月后可将一些悬挂玩具挂在儿童仰卧时视线可见的地方,不要挂在眼睛的上方以防斜视,大的玩具可挂得高些,小的玩具可挂得低些。玩具不要挂得太多,色彩要鲜艳、简单。保持玩具清洁,避免尘土下落。

2. 听觉

两三周的婴儿已能安静地听一些声响,如人声、乐声等,并且直至声音响完。渐渐的婴儿就可以分辨出不同的声音(如不同的音乐、不同人的声音等)并且作出不同的反应,如听到妈妈的声音便发出"妈啊"的声音,作出微笑转头或寻找等积极的情绪反应,或停止哭声等。相反,陌生人的声音就不能引起这些反应。

发展婴儿的听觉能力,可给一些带有响声的玩具,如手摇铃,捏响或摇响的玩具等。对三四周的婴儿即可开始用音响玩具逗引其寻找声源,以后让婴儿听和看各种悦耳的玩具,渐渐让婴儿学会自己弄响玩具。出生后还可以开始让婴儿听音乐,有助于儿童听力、乐感的培养和性格的陶冶。可选择一些安静、悦耳、短小、动听的乐曲,或反复地听一首乐曲,不要过多地变换。最初听音乐,尽量做到在同一地方听、同一时间听,保持同一种姿势听,这样有助于音乐成为儿童的条件刺激物,使儿童以乐曲为信条,更专注地从事某种活动。不可在一天中不停地播放音乐,这样引不起儿童对音乐的注意,相反只能引起对音乐的抑制,效果适得其反。

有韵律的诗歌为儿童喜欢。因此,可常常念小诗给婴儿听,引起他们听的兴趣,婴儿这个年龄阶段虽然不能学会背诵,但诗的语言声音和韵律却会给婴儿留下不忘的印象。因此,可反复地说给婴儿听,也可在婴儿入睡前念熟悉的诗。

(四)认知方面

儿童半岁以后常常发出各种声音,如"妈妈""爸爸"等声音,这些连续的音节,时而出现时而消失。而且这时也能开始听懂一些语词的简单含义,渐渐还会发出一些表示意愿的声音。

在这个阶段,可有意识地进行一些训练,如让婴儿按成人的语言指导作出一些动作,如说"再见"时会摆摆手,说"谢谢"时会两手合拢摇动,当问"电灯在哪里"时会指着手去找等等。

另外,为了扩大儿童的认知范围,可给他们看图片或图画书。成人陪伴儿童边看边用语言叫出图中形象的名称,让儿童分辨,逐渐帮助儿童建立物体印象。给儿童看的图画形象要正确、特征明显、画面简单、色彩鲜明,这对以后大量认识事物大有益处。

(五)社会性方面

儿童最早认识的是母亲(或其它直接抚育他的人),最初和母亲的交往是通过眼睛对视进行的。如每次喂乳时,婴儿就会和母亲对视。由于母亲不断满足婴儿的食物的需要、安全的需要、身体接触的需要以及情绪的需要等,儿童对母亲的出现,对母亲的表情、动作和语言会做出积极愉快的微笑,发出相应的声音以及手足的活泼动作。这是最初人际交往的开始,是人类特有的交往需要的最早表现。半岁以后的婴儿就会表现出对亲人的依恋不舍和对陌生人的拒绝,这是婴儿社会认知能力发展的必然表现,表明婴儿已能辨别熟人和陌生人,对社会事物已有初步的记忆力和辨别力。同时,也是婴儿社会情感的最早表现之一。

对婴儿这种最初社会情感的表现,首先要给以提供身体上和精神上的满足感,如充足而愉快的哺乳过程对婴儿来说是十分重要和必需的。母亲要精神集中、心情平静、情绪愉快地给婴儿哺乳。母亲在喂养过程中如果能恰到好处地给予儿童营养与情感方面的满足,既让婴儿吃足,又不催促,并且在哺乳过程中对婴儿的动作表现,伴以语言的沟通与交流。喂饱后不要立即放回床去,让婴儿在满足的状态下更多地感受到母亲的爱抚,以强化母子情谊,这既是培养儿童情感的开端,又是培养儿童情感的重要途径。

安静、舒适的睡眠、顺利地排大小便、舒服的皮肤接触,也都有助于儿童身心安定,保持健康的状态。不宜过早地对这个年龄儿童训练大小便的习惯。否则,超越了儿童自我控制能力的发展,不利于儿童心理健康和情感的发展。儿童一般到1岁半或2岁时能自主控制大小便。应顺其自然地形成排便规律。

所以,在人的第一年中,儿童的这些方面发展,并不是自然形成的,而是在正常的环境与教育影响下形成的。我们不仅要给儿童以充足的乳汁营养,还要给予精神营养,才能使儿童获得身体、智力和情感的健全发展,而母亲则是儿童出生后赖以生存的整个世界,他们从母亲那里得到了一切,感受着一切,母亲也体验着儿童的一切。正是在这种感受与体验中,儿童受到了最初的教育,开始了最初的学习。

根据儿童第一年的发展水平与特点,其教育应注意以下几个方面。

1. 满足身体和精神上的需要

采用母乳喂养。母亲应以愉快的情绪给儿童哺乳,要恰到好处地实现营养与情感的满足。通过喂乳过程中的母子交往,强化母子情感。

2. 发展基本动作

1岁内儿童全身动作的发展变化很大,应按儿童动作发展的顺序,为之创设相应的练习条件。如创设条件让婴儿在床上爬、地上爬,儿童进行早期爬行练习,对协调身体动作,增进儿童活动的主动性,扩大活动范围极有益处。

3. 提供适当的玩具

适合1岁儿童的玩具,应具有促进儿童认识能力和动作能力的功能。其中包括发展视觉的玩具,如可悬挂的彩纸、灯笼、彩衣、气球、吹塑玩具等,以训练视觉集中和视线随物体移动的能力;发展听觉的玩具,如哗铃棒、手摇铃、拨浪鼓及橡胶、软塑的摆响或摇响的玩具,八音盒,能拉响的悬挂玩具等,以培养儿童的听力集中与分辨能力;发展手的动作的玩具,如摇铃、环状玩具,软硬塑料玩具,套叠玩具,小容器,积木,敲打玩具等,以练习手的抓握、手眼协调以及够物准确性等能力;发展站立和行走的玩具,如学步车、小围栏、小推车、球类、滚筒等,以练习走路,训练腿脚力量与动作的灵活协调性。除此之外还有娱乐玩具、家庭自制玩具、图片、图书等,都是1岁儿童所需要的。

4. 音乐教育

出生后的儿童就可以听音乐。可选择安静、悦耳、短小的乐曲,在固定的时间、地点反复播放。这样有助于儿童听力、乐感的培养。

5. 儿歌

选择有韵律的诗歌、儿歌反复念给儿童听,这个年龄阶段的儿童虽然不会背诵,但诗歌、儿歌的语音和韵律会给婴儿留下难忘的印象。

第一年的教育很重要,千万不可忽视第一年的教育。

二、1岁至2岁儿童的发展和教育

1岁以后的儿童,随着年龄的增长,活动范围的扩大,在各方面有较大的发展。从依赖的、被动的生活,开始变为能自主的、主动的活动。因此,好动、好捣乱、好破坏成了这一时期儿童的最大特点。往往这也是儿童独立精神、能力表现的开始。

（一）动作方面

1岁以后的儿童不仅学会了自由的独立行走,同时手的动作也有了较大的发展。能用双手拿取物体,操纵他所需要的和感兴趣的物体。摆弄实物的活动是这年龄的主要活动。他们开始学习用勺吃、用笔画、自己玩积木、插塑,而且喜欢重复地做。说明两岁的儿童手眼协调和双手协调能力已有一定的发展。

为了帮助这一阶段儿童更好地锻炼腿部力量,练习双脚协调行走能力,可带儿童练习走楼梯台阶,边走边喊:"一、二……"。还可以让儿童在小桌、小椅上练习爬高爬低,但需成人在旁照看着,以免碰伤摔着。另外,还可以和儿童一起玩球,如滚球、扔球、接球等小游戏。平日还可多让儿童玩搭积木之类的游戏,以发展手的动作协调以及满足其好动、好玩的特点。

（二）认知方面

1岁半以前,儿童还不能很好地说话,但能理解成人的一些语言,也很注意成人的谈话。1岁半以后到2岁儿童频繁地开始说话了,如能说出一些物体的名字,会背诵诗歌、歌曲,也会回答简单的问题。

2岁的儿童在某些词语的发音上不够准确,不必专门纠正。但是,成人平时要注意用标准语言影响儿童。经常给儿童看一些图片、图画书。不仅让儿童看,还要其会讲,指着图片说出"这是什么?""它在干什么?""它会怎么样"等类似的语句,逐渐扩大儿童认知的范围。

对一两岁的儿童也可进行一些认数活动。结合日常生活,有意识地帮助儿童形成一些数的概念。如在吃饼干时,让儿童回答,吃了几块饼干。在吃苹果时,问哪个苹果大,哪个苹果小。为扩大儿童的眼界,增进认识,还要经常带儿童到户外去,在自然环境中观察,获得认识。

（三）情感方面

1岁后儿童有多种情感的表现,但情感的表露是短暂的。这时期的儿童愿和小伙伴玩,有小孩的场合表现极为高兴、情愿。

因此,要多让儿童有和同伴一起玩的机会,以发展儿童这种最初的人际关系。虽然这阶段儿童自我中心非常突出,和小朋友一起时,会发生不友好现象,如要抢别人的东西占为己有,不会说就动手等。这完全是这阶段儿童的特点。作为孩子最亲近的母亲,对待这时期儿童这样那样的过错,不要迁就,应该逐步要求让儿童不发生类似错误。最好的方法是,当发生消极情感时,用转移的方法安定儿童的情绪,用其它条件去吸引他参加一些有益的活动。

(四)生活能力方面

这个时期的儿童在日常生活中开始学做种种必要的事情,但无论哪一种事,难以一下子达到完全做好的程度。这是因为儿童虽有独立思考、独自行动的意愿,但限于动作能力还不是很强,而且做事动作也很迟缓,所以经常不能自如地表现各种意愿,这是这个时期儿童的基本特点。作为成人一定要理解儿童有"自己做"的需求,不仅如此,而且要尽量满足这种需求,还要给予鼓励。当然,由于儿童的能力有限,成人要给予适当的帮助,教会一些正确的方法。

总之,对一两岁的儿童的教育,要重视良好习惯的养成,活动积极性的培养,各种动作的练习以及认识事物能力的培养。为此可以通过下列途径对他们实施教育。

1. 游戏

游戏,对儿童来说就是他们的生活。儿童就是通过游戏来学习,通过游戏来发展。一两岁的儿童已经开始进入在环境中学习的阶段。儿童喜欢在自由、愉快、具体的活动环境中享受快乐,获得发展,因此这个阶段的儿童可以通过游戏来达到教育的目的。其中较为适合的游戏有练习运动的游戏,认识物品的游戏,练习创造的游戏,练习概念的语言游戏和认数游戏等,用游戏的方式组织儿童活动,使儿童在轻松、愉快的玩乐中受到教育,这是最理想的儿童教育。

2. 户外活动

在保证儿童身体健康的情况下,应带儿童到户外去活动,到自然环境中去观察,玩耍,这不仅有助于增进身体的抵抗力与对环境的适应力,而且还可以开扩眼界,增进知识,陶冶情感。

3. 阅读、讲故事

父母和儿童一起阅读图书和讲故事,是儿童教育中一项有益的活动。每天可以在一个固定的时间里,由成人进行一次阅读活动或讲故事,不仅可以引起儿童对书的注意和阅读的兴趣,有利于语言的学习与发展,而且还有助于密切亲子关系,增进亲子感情。因此,早期亲子阅读活动也是婴儿教育的一项重要内容。

三、3 岁儿童的发展与教育

3 岁左右的儿童有了一定的发展基础。儿童发展到 3 岁,可以说完成了人生第一个发展时期,在身心两个方面都开始成熟和充实起来,个性也逐步开始发展。

(一)认知方面

"好奇"是 3 岁儿童心理发展的一个显著特征,对任何新鲜的物体情景和新的内容有浓厚的兴趣,能以认真态度对待成人教他做的事,并有试着做的愿望。因此,要有意识发展儿童的认识能力,开展各种有趣的活动,丰富儿童的认识范围,满足儿童的好奇心。

"好模仿"是3岁的儿童非常突出的特点,凡对他有影响的或在他生活周围的人或事物等,都可成为模仿的内容。通过大量的模仿正是这个年龄的儿童主要的学习方式。因此,所见的一切都会引起他们的新鲜感,都想尝试一下,模仿一下。所以,一定要给予儿童好的模仿榜样,包括家长、教师的举止言行都要以身作则。

3岁儿童的思维认识活动,总是由行为和动作引起的,而且思维缺乏可逆性。因此,要用具体形象或者依靠动作来帮助儿童对各种事物或现象的认识。对他们讲故事要有声有色,必要时还可带有动作。对3岁的儿童千万不能讲反话,他们非但不理解,相反还会强化反面理解的作用。

(二)社会性方面

3岁儿童的社会性发展所表现出来的人际交往关系,已不限于亲近的人而在与同伴的关系上,他们非常愿意和小朋友在一起。因此,这时的儿童可以进幼儿园过群体的生活,扩大他们的生活圈子,让他们交结伙伴,学习交往与相处,增长认识和交往能力。但这时的儿童,又有强烈的依恋情感,表现在时刻离不开他亲近的人。因此,要帮助儿童很好地度过这一难关,既要满足他有和同伴在一起的需要,又要让他消除分离亲人的焦虑、不安全感,通过家长和幼儿园双方的共同努力,使儿童尽快尽早地适应新生活,促进社会性的发展。

(三)性格方面

3岁的儿童各种动作比较自如,所以不仅能独立地做一些力所能及的事,也能按大人提出的要求去行动。而且一有机会便要采取独立的行动,有时不管是允许的事或不允许的事,能做的事或不能做的事,都一概而之。有时也常常表现在成人的限制或当时强行制止儿童的愿望时,儿童常常会出现"不听话"的现象。儿童总想将已经获得的经验和认识在另一个环境里试一试,想要自主地行动。因而经常与成人的教育相对抗、相矛盾,这就是典型的"第一反抗期"。所谓"第一反抗期"是指3岁左右儿童在其身心发展的过程中,所表现出来的一种对教育不太有利的独立行动与对抗行为,也称教育"危机期"。

对待3岁儿童出现的反抗行为,一定要理解和满足,理解儿童要独立行动的要求,尽量多地创造一些条件满足儿童做多种活动的要求,使儿童有事可做。对一些儿童自己力所能及的事要放手让他们独立地做,不要包办代替。另外,丰富儿童的生活内容,满足儿童合理的要求,使儿童的活动需要得到适当或充分满足,这样"反抗"行为就会较少发生。对待3岁儿童的"反抗"行为,不能操之过急,更不能对抗,要通过各种教育的手段,丰富儿童的日常生活与学习活动,使儿童情绪保持平衡,以保证其顺利度过"第一反抗期"。

对3岁儿童的教育主要应注意下列几个方面。

1.运用多种手段发展儿童的认识能力

3岁的儿童已有着较强的学习愿望,而学习的内容大多源自周围的生活、游戏的过程、操作的活动之中。因此,利用生活情景,采用游戏手段,通过操作活动来开展各种认知活动训练儿童的观察力、记忆力、想象力、注意力、思维能力,这对发展儿童的认知能力极为重要。

2.创造条件发展儿童的人际交往能力

儿童只有在与人的交往中才能了解自己与别人的关系,才能发展其交往能力。所以,在幼儿园与家庭中都应尽量创造一些条件,鼓励儿童去与各种不同年龄的儿童一起玩,并教育儿童学会与他人友好相处的方法。

3.培养儿童生活自理能力与良好的习惯

3岁儿童手和身体的基本动作已有所发展,开始能够掌握各种大动作和一些精细动作,这就为培养生活自理能力奠定了基础。培养儿童生活自理能力,要从小开始。其间的意义不仅仅在于能力的形成,而在于自幼养成独立和不依赖于成人的性格。因此,要充分利用日常生活的各个环节,帮助儿童学会做一些力所能及的事,这种教育应贯穿在整个学前期和学龄期。但在学前期,更应注重方法,应采用游戏,参与生活实践,模仿日常生活等方法,引导儿童养成自理的习惯和能力。

4.满足儿童正当的活动要求

3岁的儿童可以按照成人的要求去行动,但又总是不太听成人的话,他们常常寻找机会采取独立行动,表现自己的发展能力。所以,应该理解儿童独立行动的要求,尽量创造一些条件满足儿童多种活动的要求,让儿童有机会去做他们应该做的事。只有儿童的活动要求得到了适当或充分的满足时,其"反抗"行为也就会相应减少。

四、4岁儿童的发展与教育

4岁的儿童随着年龄的增长和认识范围的扩大,其心理出现较大的变化和发展,甚至可以说有较大的飞跃,其心理活动表现出新的特征,心理发展出现了质变。

(一)认知方面

4岁儿童主要依靠头脑中的表象进行思维活动,思维具有明显的具体形象性特点,属于典型的具体形象性思维。4岁儿童的头脑中已经积累了许多生活印象,每当唤起这些印象时,就可以进行积极的思维活动,离开这些原本的印象或本体与事物,就难以进行抽象思维活动。因此,儿童对数的概念认识和对语言的理解也都是和日常的生活相联系的。因此,引导儿童观察周围的生活现象,扩大儿童的生活视野,丰富儿童的生活经验,充实儿童的生活感受,对这个阶段的教育尤为重要。

(二)个性方面

4岁的儿童由于动作能力进一步发展,对周围生活更熟悉,并有一定经验的积累,因此特别显得活泼好动。如走过一滩水,一定要走过去踩一下;看见地上有一块小石子,非要用脚去踢两下。这就是他们总是以活动的过程体验为满足。好动、好玩,更多地表现在儿童的游戏兴趣方面。4岁左右是游戏活动的黄金时期,不但爱玩,而且会玩。这时儿童的有意行为开始发展,在游戏中能有目的的玩、创造性的玩,并能按一定的要求进行游戏。

因此,首先要正确对待这时期儿童的活泼好动,不能轻视甚至阻止儿童的活泼好动与好玩。因为,儿童往往就是在玩中得到长进,在玩中孕育智慧的萌芽。许多科学家,发明家在幼年时的玩耍过程中,萌发了智慧,萌发了创意,以致后来能为人类创造出前人所没能创造出的奇迹。所以我们不可低估幼年的游戏、玩耍,并要充分让儿童有表现和创造的机会。当然,也要有意识地引导儿童有目的地玩,培养儿童的游戏能力,在游戏中习得一些道理,增长知识,通过游戏让儿童得到更好的发展。

对4岁儿童的教育,应注意下列几个方面。

1. 引导儿童观察生活,在观察中学习

根据4岁儿童活泼好动和思维形象性等特征,对4岁儿童应通过引导他们细致观察周围的生活来扩大生活视野,不断增长见识和发展其认识多种事物的能力。在观察中学习,是这个年龄阶段的基本特点。对4岁儿童已完全可以从观察周围的邻居、商店、马路,以及各种设施、各种劳动现象、各种情景、各种事物等,获得大量的信息。同时儿童还会在观察中提出各种问题以获得更多的知识。所以,对他们提出的问题,应抱尊重的态度,尽量给予解答,以保护儿童在观察中所萌发的学习兴趣与学习能力。

2. 培养儿童的同情心

4岁儿童经常会不自主地流露出其天然的同情心。例如,对小动物的同情,对弱者的同情等。然而这种同情心能继续保持与发展,还需要通过教育。对4岁儿童的同情心教育,一是可以通过饲养有益的动、植物,以动、植物内在固有的生命力唤起儿童的同情心;二是可以通过讲故事、看电视,以其特有的情节内容,激发儿童的同情心;三是通过在现实生活中,观察或参与生活的实践,以培养儿童的同情心。

3. 发展儿童的表现力和创造力

表现力和创造力是儿童发展的标志,4岁儿童已有一定的独立能力,并富于想象,这些都为表现力和创造力的发展打下了基础。4岁儿童的表现力与创造力是极其有限的,但是这些有限的能力都是儿童自身能力的创新,具有独立思考的特点,这对于其将来的发展是难

能可贵的。在儿童表现力与创造力的发展中,我们不应过分注重儿童表现与创造的成果,而是应注重儿童表现与创造过程中的认真态度,用心程度,坚持精神以及创造力等特点。还要注意激发儿童创造的愿望,增长儿童创造的信心。

此外,对4岁儿童,还应采用游戏的手段以促进儿童的全面发展。注意用游戏促进儿童认识能力,运动能力,语言能力,判断能力等多方面能力的发展。

五、五六岁儿童的发展与教育

五六岁儿童处于学前晚期,又是进入学龄期的准备阶段。虽然心理发展继续着4岁年龄的心理特征,但又有一些新的特点。

(一)认知方面

五六岁儿童的思维虽然仍以具体形象性思维为主,但抽象逻辑思维已开始发生。这时的儿童能进行一些更加概括的思维和逻辑抽象的思维活动,如对物体的分类,可以从多角度进行了,对整体与部分的包含关系有了比较正确的认识。在分菜时,能区分素菜和荤菜,素菜分为青菜、萝卜、西红柿等;荤菜分为肉类、鱼类、蛋类等;肉类又可分猪肉、牛肉、羊肉等等。

儿童思维能力开始新的质变,是儿童进入学习活动重要的前提。他们对学习活动很感兴趣。参加活动已成为五六岁儿童的一种迫切需要,他们能较有意识地听和看,能按成人的要求思考和完成一定的练习活动,并为自己学会了什么而感到满足。他们还对一些现象喜欢追根问底,不仅喜欢问"为什么",而且也喜欢用自己已经知道的知识去考问别人。五六岁的儿童不仅好问好答,还爱听成人讲解他不曾看到、不曾知道的事。这对丰富儿童的知识,甚至培养语言方面的能力有很大帮助。

儿童强烈的求知欲望、好学心理不仅表现在好问好答方面,而且还表现为自发的观察、动手尝试、拆卸、探究等活动。因此,常常会表现出一些"破坏"性行为。

其实,所有的这些表现不能简单地认为儿童在搞破坏。这一方面是一种求知欲的表现,另一方面也是由于儿童年幼无知,探究事物的能力还有一定的局限性。所以,不要简单地批评和惩罚,否则将会伤害儿童的求知好学的热情。在肯定和鼓励的基础上帮助儿童分清是非,教会其探究事物和现象的多种方法,不断地强化儿童的好学态度、求知欲望及探究能力。

五六岁儿童心理的发展已有可能,也有要求获得更多的知识经验和生活能力。所以应该十分注意在日常生活中,利用各种机会,自然地告诫儿童一些事理,包括各种生活经验、物品的性能、事物的因果关系、道德行为准则等。使儿童从中长知识、长经验、学习做人的道理。对儿童的需求和问题也应十分重视,既要给予一定的满足,又要予以积极的引导。

（二）个性方面

5岁以后的儿童个性特征有了较明显的体现,但还远没有定型。5岁以后儿童出现相对比较稳定的兴趣,同时独立性也有较大发展,他们感兴趣的活动又是多种多样的。因此,必须让儿童在多种活动中,得到多方面的发展,不要把儿童的兴趣限于定向性,也不要把成人认定的有益活动,而儿童不感兴趣的活动强迫儿童去做,尽可能提供条件让儿童做感兴趣的有益活动。

五六岁儿童的动作运动能力也有了较快的发展,性格特征已有明显差异,表现出顺从的、冲动的、懦弱的、好表现的、攻击的、内向的、外向的以及依赖的等各种不同性格特征。5岁以后儿童的自我意识倾向也有所发展,有一定的荣誉感、自卑感、羞愧感、嫉妒心、好胜心等等。5岁儿童的有意性行为也增多了,这些都为他们入学后的学习和独立生活作好了必要的准备。五六岁的儿童处于学前晚期,将要为入小学做准备。这些准备应该是包括身心健康发展的全面准备,而不是指读写算的提早训练准备,要继续关心儿童的健康,使儿童有较强的适应能力和运动能力,不仅要关心儿童各种认识能力的发展,更要关心儿童良好品德行为与性格的形成,生活学会自理,活动能够自主,在各方面为进入小学奠定良好的基础。

对五六岁儿童的教育,是学前期教育较为重要的一个阶段,这个时期的教育的重点应放在生活自理能力,合作交往能力,语言能力,思维能力,判断能力,运动能力等方面。主要可通过以下几方面来进行。

1.采用教学游戏化的方法发展儿童诸方面的能力

幼儿园的日常教育工作是发展学前儿童多种能力的有效途径,但是根据儿童发展的特点,应该注重从儿童的日常生活中选择游戏题材作为教学内容纳入到日常的教学活动中去,让儿童在教学过程中,通过愉快、轻松、直观的游戏形式去学习、去发展各种能力,完成教学要求。

2.利用生活中的机会,让儿童获得生活经验,养成自理能力

五六岁儿童心理的发展已要求获得更多的生活知识与经验。所以,应该充分利用日常生活的各个环节,各种机会,各种现象对儿童进行适时的教育,让他们积累各种生活经验。如物品的性能,事物的因果关系,道德行为准则等有关知识与经验。同时应该为儿童提供参与生活的机会,做一些力所能及的事,逐步培养自我服务的意识与能力,这对入学前的儿童来说是非常重要的。

3.提供条件让儿童尽可能参与各种有益活动

随着儿童年龄的增长,其独立性与活动能力也有较大发展。所以只要儿童的活动要求是有益的、合理的,就应该提供条件,满足儿童的要求,在参与活动中,注意培养儿童的兴趣

与动手能力,注意培养儿童的注意力与坚持性,还要注意培养儿童在活动过程中的目的性与责任感。

4.提供运动机会,让儿童的身体得到充分锻炼

五六岁儿童的运动能力有了较大的发展。但是如果失去了运动机会,就会影响其运动神经的发展,身体动作也会变得笨拙迟缓。运动对学前儿童的身体发展,是必不可少的,尤其对五六岁儿童应该放手些,适当加大运动量,让他们的身体得到充分的运动。当然,在运动过程中应教育儿童学会保护自己的身体,同时应尽量为儿童创设一个安全的运动环境。

5.做好入学前的准备

6岁儿童即将进入小学,所以为6岁儿童作好入学准备工作,是这一阶段教育的重要内容。在这里,首先应明确入学前准备是指儿童身心健康发展的全面准备,而不仅仅是知识与技能的准备,对儿童的入学准备,主要应抓好认识能力的发展,学习兴趣,求知欲望的培养,入学愿望的心理准备以及良好品德行为与性格的形成等方面的教育。

以上是根据学前儿童发展的一般规律与特点,阐述了学前儿童教育的方法。实际上,学前儿童教育的有效性,还取决于对学前儿童个别特点的认识,还取决于对教育发展的时代特点的认识。对此,我们也应同样引起重视。

第三章　学前儿童全面发展教育

第一节　我国的教育目的与幼儿园教育目标

一、我国的教育目的与幼儿园教育目标的概述

(一)我国的教育目的

任何事物都有核,教育也有核,这个核就是教育目的。教育目的是指一个国家、民族通过教育,把受教育者培养成为什么样的人,它是国家对培养人才的质量和规格的总体要求。

教育目的是人们开展教育活动的标杆和指南针,是教育工作的出发点和归宿,没有目的的教育就如同没有罗盘的船舶,很容易迷失方向。

1995 年的《中华人民共和国教育法》规定了我国的教育目的:"教育必须为社会主义现代化建设服务,必须同生产劳动相结合,培养德、智、体等方面全面发展的社会主义事业的建设者和接班人。"

(二)幼儿园教育目标

幼儿园教育目标是总的教育目的在幼儿园教育这一阶段的具体化,是国家对幼儿园或学前教育机构提出的培养人才的规格与要求,反映了幼儿发展的素质结构。

幼儿园教育目标主要体现在以下两个文件中。

《幼儿园工作规程》第一章"总则"第三条规定:"幼儿园的教育任务是实行保育与教育相结合的原则,对幼儿实施体、智、德、美诸方面全面发展的教育,促进其身心和谐发展。"第五条明确提出幼儿园保育和教育的主要目标。

《幼儿园教育指导纲要(试行)》第二部分规定:"幼儿园教育应当贯彻国家的教育方针,坚持保育与教育相结合的原则,对幼儿实施体、智、德、美诸方面全面发展的教育,全面落实《幼儿园工作规程》提出的保育教育目标。"

从以上教育部门和幼儿园教育目标不难看出,促使人的全面发展是各级各类教育的共同目标之一。但是,一些幼儿园在实际教育过程中总出现体、智、德、美某一方面的偏重或缺失,如有的幼儿教师更是忽视幼儿品德的养成,这些都是不可取的。所以在教育实践活动中

一定要以全面和谐发展为指导原则。

二、幼儿园教育目标的制订依据

(一)理论依据

历史上关于教育目的的理论众说纷纭,其中比较有影响力的两种是个人本位论和社会本位论。个人本位论主张教育目的应当以个人价值为中心,由人的本性的需要决定,教育最根本的目的就是人的本性和本能的高度发展。社会本位论倡导教育目的要根据社会需要来确定,个人只是教育加工的原料,他的发展必须服从社会需要。社会本位论者认为,教育的目的在于把教育者培养成符合社会准则的公民,使教育者社会化,保证社会生活的稳定与延续。在他们看来,社会价值高于个人价值,个人的存在与发展依赖并从属于社会,评价教育的价值只能以其对社会的效益来衡量。

不难发现,以上两种观点都有失偏颇,而马克思主义理论告诉我们,社会发展需要与人的自身发展是辩证统一的,而并非上述两种观点中的非此即彼的关系。马克思主义理论强调:人是教育的对象,教育是培养人的社会实践活动,目的就是促进人的发展;而人又是社会中的人,个人的生存和发展离不开社会,个人只有作为社会中的一员,才能获得生存和发展的手段和条件,脱离了社会的发展就谈不上个人的发展。教育在促进个人发展的同时必然带动社会的发展,所以,教育目的应体现人类个体发展与社会需求的辩证统一。折射到幼儿园教育目标上亦是如此,幼儿园教育目的要根据社会发展的需求促进幼儿身心发展。

(二)马克思主义关于人的全面发展学说

马克思主义理论强调:人的全面发展是与人的片面发展相对而言的,全面发展的人是精神和身体、个体性和社会性都得到普遍、充分而自由发展的人;现代大工业生产的高度发展必将对人类提出全面发展的要求,并提供全面发展的可能性;教育与生产劳动相结合是实现人的全面发展的唯一方法。

幼儿园教育目标应以人的全面发展为方向,尽管我们现在还处于社会主义初级阶段,人的全面发展不可能完全实现,但这是人们努力的方向。所以马克思主义关于全面发展的学说是我们制订目标的重要理论依据之一。

(二)现实依据

1. 社会发展的需要

与传统的社会重视循规蹈矩、发展片面的保守型人才不同,以知识经济、信息社会为主要特征的现代社会需要全面发展的综合型人才,既要有健全的体魄,还要有健康的心理;既要有创造性的人格,又要拥有合作、同情等社会性品质。学前教育要依据这一要求,在制订教育目标时准确地反映这一社会新变化。

2.幼儿身心发展规律

全面促进幼儿素质和谐发展是幼儿教育的中心任务。发展包括身体和心理两个方面。前者指身体的正常发育和体质的增强;后者指知识技能的获得,生活经验的丰富,智力才能的开发,思想品质的培养,以及情感、兴趣、爱好、志向和性格发展等。由于幼儿"身""心"是一个有机统一的整体系统,所以必须保证二者同步、协调、和谐发展,即常说的"体、智、德、美全面发展"。幼儿身心发展是有规律的,既有连续性,又有阶段性。而发展的实质是不断开发其个体潜能,即表现为各方面都从低到高、由浅入深、由"现有水平"向"最近发展区"不断发展的过程如果对幼儿提出过高、过难或过低、过易的教育要求,都违背幼儿身心发展规律,达不到发展潜能的目的。所以,制订教育目标必须以幼儿身心发展的客观规律和要求为依据。

3.我国的教育目的

幼儿园教育目标是根据我国的教育目的并结合学前教育的性质和特点提出来的。我国幼儿园教育目标是培养全面发展的幼儿,它体现了我国教育目的的基本精神,并兼顾幼儿园教育的性质和特点。幼儿园教育目标的提法又与学校教育目标略有不同,应把"身体"放到了第一位,这是因为,在幼儿阶段,身体的正常发育和机能的健全发展较以后各年龄阶段更为重要的缘故。

三、幼儿园教育目标体系的结构框架

国家规定的幼儿园教育目标是宏观的、抽象的。要实现它,必须对它进行细化分解,转化为可以操作的具体目标。一般来说,幼儿园的目标体系包括:幼儿园保教目标、幼儿园各领域目标、幼儿园各年龄班及学期目标、幼儿园教育活动目标等(图3—1)。

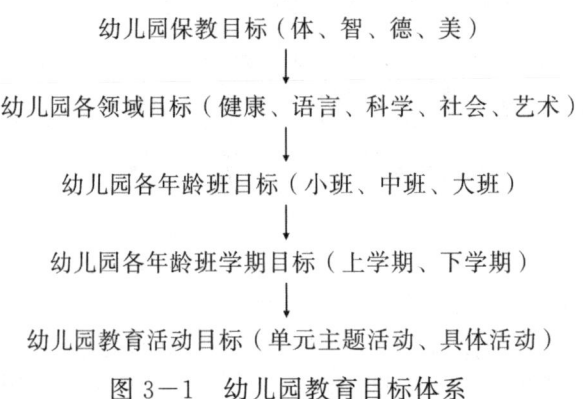

图3—1 幼儿园教育目标体系

(一)幼儿园保教目标

《幼儿园工作规程》第五条描述了我国幼儿园保教的具体目标,即"幼儿园保育和教育的主要目标是:促进幼儿身体正常发育和机能的协调发展,增强体质,培养良好的生活习惯、卫生习惯和参加体育活动的兴趣。发展幼儿智力,培养正确运用感官和运用语言交往的基本能力,增进对环境的认识,培养有益的兴趣和求知欲望,培养初步的动手能力。萌发幼儿爱家乡、爱祖国、爱集体、爱劳动、爱科学的情感,培养诚实、自信、好问、友爱、勇敢、爱护公物、克服困难、讲礼貌、守纪律等良好的品德行为和习惯,以及活泼、开朗的性格。培养幼儿初步的感受美和表现美的情趣和能力"。

幼儿园保教目标包含了体智德美等全面发展的教育目的,它是根据幼儿身心发展规律,对幼儿园教育总目标的细化。

(二)幼儿园各领域目标

《幼儿园教育指导纲要(试行)》第二部分指出:"幼儿园教育的内容是广泛的、启蒙性的,可按照幼儿学习活动的范畴相对划分为健康、社会、科学、语言、艺术等五个方面,还可按其它方式作不同的划分。各方面的内容都应发展幼儿的知识、技能、能力、情感态度等。"

健康领域的目标为:适应幼儿园的生活,情绪稳定;生活、卫生习惯良好,有基本的生活自理能力;有初步的安全和健康知识,知道关心和保护自己;喜欢参加体育活动。

科学领域的目标为:有好奇心,能发现周围环境中有趣的事情;喜欢观察,乐于动手动脑、发现和解决问题;理解生活中的简单数学关系,能用简单的分类、比较、推理等探索事物;愿意与同伴共同探究,能用适应的方式表达各自的发现,并相互交流;喜爱动植物,亲近大自然,关心周围的生活环境。

社会领域的目标为:喜欢参加游戏和各种有益的活动,活动中快乐、自信;乐意与人交往,礼貌,大方,对人友好;知道对错,能按基本的社会行为规则行动;乐于接受任务,努力做好力所能及的事;爱父母、爱老师、爱同伴、爱家乡、爱祖国。

语言领域的目标为:喜欢与人谈话、交流;注意倾听并能理解对方的话;能清楚地说出自己想说的事;喜欢听故事、看图书。

艺术领域的目标为:能初步感受环境、生活和艺术中的美;喜欢艺术活动,能用自己喜欢的方式大胆地表现自己的感受与体验;乐于与同伴一起娱乐、表演、创作。

(三)幼儿园各年龄班目标

在《3—6岁儿童学习与发展指南》中,详细规定了大中小班各年龄段幼儿各项领域的具体发展目标。以健康领域为例,健康领域的目标是"情绪安定愉快"。其中小班(3~4岁)、中班(4~5岁)、大班(5~6岁)的目标要求见表3—1。

表 3-1 目标"情绪、安定、愉快"在各个年龄阶段的表现

3~4岁	4~5岁	5~6岁
(1)情绪比较稳定,很少因一点小事哭闹不止。 (2)有比较强烈的情绪反应时,能在成人的安抚下逐渐平静下来。	(1)经常保持愉快的情绪,不高兴时能较快缓解。 (2)有比较强烈情绪反应时,能在成人提醒下逐渐平静下来。 (3)愿意把自己的情绪告诉亲近的人,一起分享快乐或求得安慰。	(1)经常保持愉快的情绪。知道引起自己某种情绪的原因,并努力缓解。 (2)表达情绪的方式比较适度,不乱发脾气。 (3)能随着活动的需要转换情绪和注意。

从上表中不难发现。小班到大班目标要求具有明显的连贯性和层次性。如在发脾气的时候,小班幼儿的发展目标就是在老师的安抚下能平复心情,而对于中班老师可能只需提示而不是安抚,到了大班的时候幼儿就需要有自控能力,能够自己控制和调节不良情绪。

(四)幼儿园各年龄班学期目标

即使是同一年龄班,在不同的学期,各领域目标要求也不同。以小班科学领域为例,目标可如下设定。

1. 小班上学期目标

(1)引导儿童观察周围个别的动物(家禽类)、植物(水果)的特征,初步了解它们与儿童生活的关系,培养幼儿亲近动植物的情感。

(2)带儿童观察周围常见自然现象(天气)的明显特征,感受它们和儿童生活的关系。

(3)引导儿童观察家庭和幼儿园生活中常见物品(玩具服饰等)的特征及用途,获取粗浅的科学经验,感受它们给生活带来的方便。

(4)帮助儿童了解各种感官在感知中的作用,学习正确使用各种感官感知的方法,发展感知能力。

(5)激发儿童参加科学活动的兴趣,并乐意表达自己的发现。

2. 小班下学期目标

(1)引导儿童观察周围常见的两种动物(家畜、鱼类)、植物(花草)的特征,获取粗浅的科学经验,初步了解它们与儿童生活的关系,培养幼儿关心、爱护动植物的情感。

(2)带儿童观察周围常见自然现象的明显特征,获取粗浅的科学经验,并感受它们和儿童生活的关系。

(3)引导儿童观察家庭和幼儿园生活中常见物品(沙、石,交通工具等)的特征及用途,获

取粗浅的科学经验,感受它们给生活带来的方便。

(4)帮助儿童了解各种感官在感知中的作用,学习正确使用各种感官感知的方法,发展感知能力。

(5)使儿童乐意参加科学活动,并愿意与同伴分享自己的发现。

(五)幼儿园教育活动目标

具体活动目标是指幼儿园某一具体教育活动所要达到的结果或所引起幼儿身心发展的具体要求。具体活动目标应该是非常详细具体和可操作的。

例如,小班可以开展"我的脸上有什么"的科学领域活动。因为五官是孩子们身上重要的器官,他们无时无刻地感受着它们的存在,但对于年龄小的孩子来说,他们未必懂得去保护这些重要的器官。活动可以此为出发点,注重孩子自身的体验,在体验中感知着五官的重要,逐步激发保护意识。本活动的活动目标可设定为:

(1)知道自己的五官是什么,分别在脸上的什么部位;

(2)能够根据教师提供的材料探索、发现五官的功能;

(3)感知自己五官的特点,激发幼儿对自身的喜爱与保护。

一般情况下幼儿园具体活动目标应包含认知、情感与态度、技能与能力三部分,教师在设定具体活动目标时一定要注意目标的完整性,且目标应充分考虑教育对象的已有经验。

第二节 学前儿童全面发展教育的内容

一、学前儿童体育

(一)学前儿童体育的概念和任务

1. 学前儿童体育的概念

体育是一种社会现象,在人类的生活中,体育有着重要的地位和作用。从广义上来说,体育是人们锻炼身体、增强体质、延年益寿的积极手段;从狭义上来说,体育是与德育、智育、美育相配合的整个教育活动的组成部分,是有目的、有组织、有计划地传授健康和身体锻炼技能,促进身心健康,增强体质,提高运动能力,改善生活方式与提高生活质量的过程。

学前儿童体育是指遵循学前儿童身体生长发展规律,以增强体质和提高健康水平为目的所进行的一系列教育活动。幼儿园体育是幼儿全面和谐发展教育的一个重要组成部分,是实现教育目的的根本。幼儿园体育的性质类似于学校体育,但同时具有独特性,它是融保育和教育为一体的特殊的教育领域,包括卫生保健和体育活动两大部分。

2.学前儿童体育的任务

在《幼儿园教育指导纲要(试行)》中关于"健康"的"内容与要求"中的第5条指出:"开展丰富多彩的户外游戏和体育活动,培养幼儿参加体育活动的兴趣和习惯,增强体质,提高对环境的适应能力。"

由此可见,幼儿园体育教育活动的主要任务有三个方面:首先是培养幼儿参加体育活动的兴趣,使幼儿养成积极锻炼身体的良好习惯。其次是通过开展适合学前儿童的身体运动,促使幼儿身体正常的生长发育和机能的协调发展,增强幼儿的身体素质和基本的活动能力,培养幼儿正确的身体姿势,提高幼儿机体的适应能力。最后是通过身体运动,丰富幼儿的知识和经验,发展幼儿的智力,促进幼儿社会性的发展,使幼儿保持愉快的情绪,培养幼儿良好的心理品质与个性,以增进幼儿心理的健康。

3.体质的内涵

体质指的是人体的质量,一个人体质的强弱是受遗传和环境等多个因素的影响。体质包括以下几个方面:

(1)体格:体型;生长发育水平、营养状况。

(2)生理功能状态:新陈代谢水平;各器官系统的效能。

(3)体能:身体基本活动能力,如走跑跳等活动能力;身体素质,如爆发力、耐力、协调、速度等素质。

(4)人体适应能力:适应环境变化的能力;抵御疾病的能力。

(5)心理功能状态:本体感知能力;良好情绪,坚强意识,开朗的个性等。

(二)学前儿童体育的意义

1.促进学前儿童生长发育

运动生理学的研究表明,人体的生长发育有赖于身体的新陈代谢活动的水平。如果说营养提供了生长发育所需的物质基础,卫生安全措施提供了生长发育所需的环境保障,体育活动则是通过人体自身的运动,提高了人体的新陈代谢水平,从而进一步促进了人体的生长发育。

2.发展体能,提高对环境的适应能力

身体素质的发展是多方面因素促成的,体育锻炼是其中最积极的因素之一。通过科学、系统、持之以恒锻炼的儿童与只有随机的一般身体活动经历的同龄儿童相比,后者在气候多变、疾病流行以及突然改变生活条件与规律的情况下更容易感到身体不适甚至患病。经常锻炼的学前儿童还能够经常接触户外的新鲜空气和阳光,并能够有机会接受稍热、稍冷,或有风天气的锻炼,当然会对环境有比后者更强的适应力,患病率会比后者更低。身体的自我

感觉良好,参与活动的精力会更旺盛,情绪也会更积极、更稳定。

3.培养良好的心理品质,促进社会化进程

体育活动的过程,无论是学习运动技术、进行游戏或比赛还是纯粹的锻炼身体,都需要付出体力和一定的意志努力。特别是在教师引导下的体育锻炼,教师会采用各种方法鼓励和监督孩子尽力克服各种各样的困难。这些过程对培养幼儿积极稳定的情绪和坚强的意志力都会产生一定的积极性。同时,在幼儿园体育活动中,幼儿需要遵守规则,学会平等、友好地竞争,发展团队精神和与人分享。这些挑战和经验,也都必然会对幼儿的社会化进程产生影响。

4.支持智力的发展

体育活动能够加快血液循环,为脑和神经系统的有效工作以及良好发育提供更充分的能量和营养,而脑和神经系统的有效工作为智力发展提供更为坚实的基础。体育活动过程中大量的智力挑战,在激发学前儿童智力活动的同时也发展了学前儿童从事智力活动的能力。

(三)学前儿童体育活动的内容和特点

1.学前儿童体育活动的内容

幼儿园体育活动的基本内容包括:基本动作、基本体操、体育游戏和运动器械。

(1)基本动作的练习。基本动作又可称为一般身体动作。这些动作是人们日常生活中身体活动的基本模式,也是体育运动项目中身体活动的基本模式。基本动作包括走、跑、跳、投掷、攀登和钻爬以及发展这些动作必备的平衡能力,有时也包含旋转和翻滚。

(2)基本体操的练习。幼儿体操的内容包括徒手体操、器械体操、模仿操和基本队形队列练习,它是一种全身性的系统的身体锻炼活动,是有组织有结构的成套身体动作练习,一般有儿歌、音乐或节奏伴随。

①徒手操:听教师口令或广播空手进行的体操练习。不需要任何器械,不受场地设备限制且具有全面锻炼身体的价值。徒手操的操节顺序:上肢运动扩胸运动—下肢运动—腰部运动—腹背运动—跳跃运动—整理运动。徒手操操节顺序的意义在于:从上肢运动开始,活动量逐步加大。跳跃运动时达到高潮。上肢运动和伸展运动是人体从静态转到动态的比较理想的习惯动作。每套体操有两次运动高潮:小班—腹背运动、跳跃运动;中大班—下肢运动、跳跃运动。

②模仿操:从日常生活中所见到的各种活动、成人劳动、军事训练中的动作或动物动作中挑选出来编成的体操。模仿操动作形象,容易理解,精确性不高,但能有目的有针对性地发展幼儿的某些大肌肉群,促进动作的协调,激发幼儿体育活动的积极性。

③轻器械操:在徒手操的基础上,手上拿一些轻器械做操。器械常为绳子、哑铃、花环、棍棒或椅子等,能提高练习的兴趣和积极性。轻器械操有红旗操、花环操、哑铃操、棍棒操、铃鼓操、球操、纱巾操。

(3)体育游戏活动。体育游戏与一般游戏一样,首先是一种具有鲜明的娱乐性活动,也是一种以发展幼儿的身体素质和基本活动能力为主要目的活动。当然体育游戏也可以与其它练习方式相互交叉整合;例如,利用器械进行的器械游戏,利用故事情节开展的创造性身体表演游戏或利用基本动作要素组合编制的走、跑、跳游戏等。

(4)运动器械的活动。器械练习可以专指运用体育器械来进行身体锻炼的活动。其中应该可以包括各种利用小型(如球)、中型(如车)、大型(如攀登架)专门性体育器械进行的身体练习活动和游戏活动,还应该可以包括利用各种自制的或替代性的器械进行的身体练习活动,队至还应该包括利用游泳池、沙池、假山、树林和其它一切室内、室外的人工环境、自然环境中的可利用物质条件进行的体育锻炼和游戏活动。

2.学前儿童体育活动的特点

幼儿园体育活动特点是:基础性、兴趣性、科学性、综合性。

(1)基础性:幼儿园体育活动所发展的身心素质和所组织实施的活动内容是低层次的、必需的、易做到的,是幼儿未来发展的基础。

(2)兴趣性:幼儿园体育活动的内容有较强的情感和认知吸引力。

(3)科学性:幼儿园体育活动内容的选编符合生理、心理、教育、运动生物力学的科学原理,能高效地发展幼儿身心健康和体育文化素质。

(4)综合性:幼儿园体育活动具有健身、育德、启智、培养和发展个性等多方而教育内容,与其它课程相整合。

(四)学前儿童体育活动的组织类型和实施指导要点

1.晨间锻炼和早操活动

指幼儿早晨入园后在教师组织引导下进行的专门性身体锻炼活动。晨间锻炼包括集体的体育游戏;集体的慢跑或走、跑交替锻炼活动;自由或分组的中、小型器械锻炼活动,晨间锻炼活动的指导要点有:①时间控制在30~40分钟(可根据年龄、气候、幼儿园课程特点适当变化);②所有场地器材的布置与整理应在教师指导或协助下由幼儿自主完成;③重视幼儿参与锻炼器材的设计与制作活动;④注重培养幼儿自主选择锻炼内容的能力。

幼儿早操活动的指导要点:早操活动强度要结合前后活动内容适当变化;精选符合体育活动要求的音乐,音响清晰适度并符合审美要求;研究各操节与不同年龄幼儿锻炼效果的关系,增加锻炼的实际效果;根据季节和气候及时调整早操的运动量;发挥教师在韵律操创编中的创造性。

2. 幼儿园户外体育活动

除晨间锻炼、早操以外。幼儿园在一日活动中还要为幼儿提供其它的户外体育锻炼机会。户外体育活动的内容：利用环境和大型设施开展的锻炼活动（楼梯、操场、沙地、游泳池、游戏城堡、农村的自然环境）；利用大中小型专业体育器械开展的锻炼活动（攀登架、攀岩墙、拳击袋、平衡木、球类、毽子、跳绳、沙袋）；利用各种替代性器械或自制器械开展的锻炼活动（桌子、板凳、轮胎、高跷）；各类户外体育游戏。

户外体育活动的指导要点：①总时间1～2小时（上午：9:30－10:30；下午：午睡起床后、离园前）；②场地多采用分享方式（按计划轮流交叉使用）；③尽可能使幼儿自主选择运动项目和器材，选择活动方式，解决问题与纠纷；④注意安全部随时进行安全教育；⑤鼓励幼儿探索新的活动方式。

3. 幼儿园室内体育活动

指在教室或专门的体育活动室内进行的体育活动，如在专门的体育馆、室内游泳池、体操房、感觉统合器械治疗室等开展的体育活动。

其指导要点包括：活动前交代活动要求；注意运动前的准备，做好肢体的准备活动；依场地安排幼儿人数，避免过于拥挤；组织指导幼儿自己布置和整理场地器材；活动结束时要做放松运动；提醒幼儿收拾场地，整理个人服装。

4. 午后锻炼活动及其它形式的体育活动

午后锻炼活动是指午睡起床后在寝室内进行的锻炼活动，目的是将机体调整到适宜的兴奋状态和良好的工作状态。其它形式如幼儿园运动会、"三浴"锻炼、远足（春游、参观）活动等。

二、学前儿童智育

(一)学前儿童智育的概念

智育是指有目的、有计划地使受教育者掌握系统的科学基础知识和基本技能，促进受教育者智力发展的教育过程。

智力是人认识事物的能力，它包括观察力、注意力、记忆力、思维力、想象力和创造力等要素，其中思维力是智力的核心。知识与智力是不同的概念，获得了知识不等于就发展了智力，但智力的发展离不开知识。

学前儿童智育是有目的、有计划地让学前儿童获得粗浅的知识技能，发展智力，增进对周围事物的求知兴趣，学习"如何学习"，并养成良好学习习惯的教育过程。学前儿童智育应当根据学前儿童发展的特点来进行。

(二)学前儿童智育的目标

我国对学前儿童智能培养的目标曾有过多次阐述。1981年由卫生部颁发的《三岁前小儿教养大纲(草案)》提出3岁前儿童"要发展小儿模仿、理解和运用语言的能力,通过语言及认识周围环境事物,使小儿智力得到发展,并获得简单知识"。

1981年教育部颁发的《幼儿园教育纲要(试行草案)》规定,对于3~6岁幼儿,应"教给幼儿周围生活中粗浅的知识和技能,注重发展幼儿的注意力、观察力、记忆力、思维力、想象力以及语言的表达力,培养他们对学习的兴趣、求知欲望和良好的学习习惯"。

1996年颁发的《幼儿园工作规程》第五条指出:"发展幼儿智力,培养正确运用感官和运用语言交往的基本能力,增进对环境的认识,培养有益的兴趣和求知欲望,培养初步的动手能力。"这是对幼儿智能培养目标的总体的、概括的描述。

概括说来,学前儿童智育的目标是:培养学前儿童的学习兴趣和求知欲望;发展学前儿童智力;培养正确运用多种感官的能力;运用语言基本技能的能力以及初步的动手能力。

学前儿童的学习兴趣主要包括探究的兴趣、求知的兴趣、创造的兴趣以及动手的兴趣。发展学前儿童正确运用感官的能力,也就是发展他们正确运用视觉、听觉、触觉等感觉器官来感知外部世界的能力;语言能力的发展与思维的发展有着密切的关系;学前儿童的语言理解、表达能力对其智力活动的水平影响很大;动手能力与人的智力发展有着密切的关系。

(三)学前儿童智育的内容

1.发展学前儿童正确运用感官的能力和动手操作能力

感知觉是人认识的来源,是智力活动的重要前提。学前儿童智力发展的首要条件是感知觉的发展。学前儿童是依靠对事物与现象的形状、声音、外形与活动特性来进行思考的。他们的思维主要通过感知、动作和形象来进行,看、听、闻、尝、摸是学前儿童认识事物的主要途径。操作能力是在大脑支配下通过身体有关部位的运动作用于一定对象的能力,也是一种手脑并用的能力,是学前儿童探索周围世界、解决生活中问题的主要方式。

2.发展学前儿童的语言交往能力

学前期是口语发展的关键时期,学前儿童语言的发展立接影响思维的发展,发展学前儿童的口语交往能力是学前儿童智育的重要任务。学前儿童掌握了口语之后,才能更好地与人交际,进行各种活动,思考问题。因此,在学前期成人应给儿童提供多说话、多交流的机会,引导学前儿童积极去表达自己的感受与发现,发展幼儿的语言交往能力。

3.增进对环境的认识,引导幼儿获得粗浅知识和经验

知识作为人类的认识成果,其外延很大,一般概括四个层次的知识:常识、经验、科学知

识和哲学知识。常识是一般人所普遍熟悉的普通知识,一个经验丰富、阅历很深的人可能有许多方面的常识。常识的最大缺陷表现在它往往不是对事物的本质及整体的认识,而是出于表面,流于肤浅,不探索事物的究竟,不能使人掌握专门的知识。因此,常识之中包含许多错误,即使有些是正确的,也没有明确的逻辑基础。经验知识有深刻的实用根源,与日常活动密切相关。经验不具有理论性、规律性和系统性。经验的表述形式往往是一种直接描述。经验知识的获得往往依赖于经验的归纳和经验中多次重复出现的现象。经验知识有时表面上具有与规律相似的形式,但它并不是对整体和事物本质的认识。经验是科学概括的材料、是学习抽象科学理论、形成科学概念的基础。科学知识是在感性经验基础上抽象、概括出的关于自然和人的规律性或本质认识;是运用理性思维方式、方法和科学实验相结合产生的一种可靠的知识;由科学的概念、术语、命题、陈述、定律构成的一种理论体系,具有逻辑性、简明性、系统性、预见性等特征。科学知识对人类的行为和实践具有理论指导意义,是人类认识和改造世界的方法和工具,是经过人类长期的生产实践和社会实践检验的结果。同时,又要在实践中不断求实、完善和发展。哲学知识是认识论和方法论,为人类提供有关如何发现真理、识别真理的方法和途径,它不能为人类提供现成的关于具体事物的真理性结论。对于学前儿童来说,他们获得的知识主要以经验性知识为主。学前儿童的经验性知识具有广泛性的特点,它主要是在日常生活活动中接触的事物、现象,是儿童感兴趣的、能够通过感官感知到的知识。学前儿童获得的知识还具有粗浅性的特点,相对于逻辑、概念、法则等的抽象知识,学前儿童学习知识的反映形式是具体的、粗浅的。

学前儿童的知识范围是广泛的,包括儿童周围各个方面的事物与现象。在社会生活方面。包括人与人之间的关系、社会生活中的基本行为规范以及对社会生活物质环境的认识。在自然方面包括生物(动物、植物)、天气、季节、物理、化学、天文、气象等现象。还有生活中的数学知识,如认识和比较物体的大小、多少、长短、高低、宽窄、轻重等;认识几何形体、时间、空间;认识10以内的数等。

4. 发展学前儿童的学习兴趣和求知欲望

兴趣在人的成长过程中起着相当重要的作用。学前儿童的学习兴趣表现为积极参加各种活动,愿意动手操作、动脑思考。求知欲是积极主动探索事物奥秘、寻求问题答案的意向和愿望。学前儿童对周围事物充满了好奇,强烈的好奇心是发展求知欲的基础。教师要注意保护儿童的好奇心,并积极加以引导。疑问是知识的钥匙,发问是求知欲的表现。幼儿园教师要鼓励儿童发问,并及时、耐心地给予回答,或者引导幼儿对事物进行探索,自己找到问题的答案。儿童的好奇心和求知欲还表现在好动的行为上,教师要积极引导学前儿童进行各种游戏活动,满足他们好动的需要。

(四)学前儿童智育的实施

1. 学前儿童智育实施的步骤

(1)创设适宜的学习环境,提供多种多样的学习材料以激发学前儿童的活动兴趣。

(2)组织多种多样的具体操作和实践活动以促进学前儿童智力的发展。

(3)利用一日生活中的各种生活情景引导学前儿童学习和思考。

(4)引导学前儿童应用语言来表述和归纳自己所获得的经验。

2. 学前儿童智育实施过程中应注意的问题

(1)处理好智力与知识技能之间的关系。知识是人们在改造世界的实践中获得的认识和经验的总和。知识与智力有着密切的关系。知识、技能是智力发展的基础,智力发展又是获得知识与技能必备的条件。例如,幼儿在对四季植物变化的认识过程中,通过观察认识植物的特征,通过记忆了解植物的变化过程,通过思维辨别不同植物的不同特点,通过想象把对植物的印象用艺术手段表现出来……在这一过程中,幼儿通过智力活动获得了关于植物的许多知识。知识的质量决定于幼儿观察水平、记忆水平、思维水平等的高低;但是,如果学前儿童没有任何关于植物的知识,是没办法对植物进行探索的。因此,在智育过程中,教师必须认清知识和智力的关系,应将知识的获得与智力的发展高度统一起来。否则,若偏重于知识的灌输,将阻碍学儿童的智力发展;但如果离开了知识的基础,智力的发展又将成为空中楼阁。

(2)重视学前儿童非智力因素的培养。非智力因素是指不直接参与认识过程的心理因素,它包括情感、意志、性格、兴趣等方面。智力因素与非智力因素是智力活动的两个方面,它们虽有相对的独立性,但两者是相互联系、相互影响、相互制约的。只有二者都处在最佳状态,学前儿童的智力活动才能取得成功。非智力因素对智力的发展起着促进和保证作用。一个智力水平一般的人,如果他有热爱学习、勇于探索、意志坚强、不怕困难等优秀的非智力品质,就能积极主动地投入学习,智力活动就会呈现积极活动状态。反之,一个人再聪明,如果他不喜欢学习,怕困难,不能坚持完成学习任务的话,是决不会取得成功的。在幼儿期,幼儿对周围世界充满了强烈的好奇心,什么都想看一看,摸一摸,尝试一番,想弄明白是怎么回事。这种好奇心进而发展成为求知欲。他们不断向成人提出一个又一个的问题,"打破砂锅问到底"或是自己"冒险"去尝试,以求得答案。求知欲的满足会给幼儿带来欢愉,并激发更强的求知欲,进而形成稳定的有益的兴趣。幼儿对认识对象的兴趣越大,注意的稳定性就越强。在兴趣推动下,其它的优良个性品质,如自制力、专注性、坚持性等也易于形成。因此,教师可以从培养学前儿童广泛的兴趣和强烈的求知欲入手,发展学前儿童的非智力品质。

(3)注意学前儿童知识的结构化。学前儿童的知识如果是零散的、杂乱的、琐碎的,那么幼儿很难凭借这些知识去解决问题,这些知识对学前儿童思维的发展也没有多大意义。也就是说,学前儿童智力发展的重大进展不是取决于个别知识和技能的掌握,而是看这些个别知识能否结合成一个反映事物或现象之间的规律或联系的"结构"。必须明确的是,学前儿童的知识结构是建立在学前儿童感性经验基础上的。因此,它与中小学那种以科学概念为中心的学科知识体系有本质的不同。

重视学前儿童知识的结构化,能扩大学前儿童的知识容量,能促进学前儿童巩固已有的知识,并将获得的新知识迅速归入自己已有的结构中,使新旧知识结合成更大更好的知识结构,大大提高认识能力,举一反三,触类旁通。例如,幼儿在看电视、图书或参观动物园的活动中自发地获得了很多有关动物的感性经验,如老虎的皮是条纹状的、青蛙的皮是绿色的、海豚的皮是滑溜溜的等,但这些有关动物的认知是零碎的,如果教师通过有意识地组织各种活动,把这些动物进行比较,帮助幼儿看到,动物的皮与它们生活的环境是密切相关的,是动物保护自己生存下去的必要条件,幼儿就能由认识事物现象的外部特征过渡到认识这些现象的内部联系,形成一个有关动物的知识"结构",借此他们就能想象出从没见过的北极动物会有厚厚的皮毛,他们就能明白钻洞的老鼠为什么是褐色的。在这种学习过程中,幼儿知识的获得与智力的发展就统一起来了。

三、学前儿童德育

(一)学前儿童德育的概念

德育即道德教育,道德是在一定社会条件下形成与发展起来的人们共同生活的行为准则的总和,也是评价人们行为的标准。社会道德在个体身上的再现为道德品质,德育实质上就是社会道德个体化的过程。

学前儿童德育是道德教育的起始阶段。是根据学前儿童身心发展的特点和实际情况,对学前儿童实施的品德教育。

(二)学前儿童德育的目标

学前儿童德育的目标正如《幼儿园工作规程》所规定的那样、萌发幼儿爱家乡、爱祖国、爱集体、爱劳动、爱科学的情感,培养诚实、自信、好问、友爱、勇敢、爱护公物、克服困难、讲礼貌、守纪律等良好的品德行为和习惯,以及活泼、开朗的性格。学前儿童德育的目标强调从情感入手,符合学前儿童品德形成和发展的规律,符合他们的年龄特点。目标中的"五爱"及其对学前儿童行为规范等要求,充分地体现了我国教育目的的基本精神。

(三)学前儿童德育的内容

学前儿童道德教育内容主要包括发展学前儿童的社会性与发展学前儿童的个性两个

方面。

1. 发展学前儿童的社会性

学前儿童社会性发展是通过自身的社会化过程实现的,学前儿童道德教育的过程实质上也就是帮助学前儿童社会化的过程。社会化过程是个体了解社会对他有哪些需变与期望,规定了哪些行为规范,并使自己逐步实现这些期待的过程,是个体适应社会的漫长的发展过程。社会化内容在很大程度上反映了社会对人的道德要求、人际关系方面的要求。在社会主义的中国,每一个受教育者都必须按国家和社会的要求来规范自己的思想和行为,幼儿也不例外,这方面的内容构成了幼儿德育的核心,规定了幼儿社会性发展的方向和内容,可以说,德育是幼儿社会性发展教育的核心和导向力量。

(1)培养爱的情感。学前儿童只有在自己被爱、体验到爱的基础上,才能产生指向外部世界的爱。因此,幼儿园教师应为幼儿创设一个充满爱的环境与气氛,以境育情,激发幼儿良好的社会性情感。通过各种途径,利用幼儿园内外的一切条件和资源培养幼儿积极健康的道德情感。在各种情感体验基础上,不断丰富幼儿的道德认识,培养其良好的行为习惯。

(2)养成必要的社会行为规范。学前儿童应当养成的社会行为规范主要有:文明礼貌,守纪律,讲卫生,爱护公物等。

(3)学习人际交往技能和能力。为了让学前儿童能适应集体生活、社会生活,必须发展他们的人际交往技能和能力。他们在与他人交往的过程中,会逐渐熟悉、认识周围的人与事,了解自己与别人,学会处理与小朋友、教师、父母和其它人的关系,如:学习如何提出自己的要求、表达自己的愿望,如何加入别人的活动,如何分享、轮流、合作,如何解决与小朋友的纠纷,如何理解别人、帮助别人,如何遵守社会行为规则等。

2. 发展学前儿童的个性

学前儿童德育要培养幼儿的良好个性品质。如良好的性格、有自信心、主动性、独立性、诚实、勇敢、意志坚强等。这些个性品质对幼儿成长为一个真正的人有重大意义。

(四)学前儿童德育的实施

1. 学前儿童德育实施的途径

学前儿童德育实施的途径包括日常生活德育和专门的德育活动两种。

日常生活是实施学前儿童德育最基本的途径。日常生活对学前儿童品德的形成有多方面的影响,并且为学前儿童提供了行为练习与实践的机会。学前儿童德育应贯穿于学前儿童的日常生活之中。

学前儿童在日常生活中,在与同伴、成人交往的过程中,了解人与人之间、人与社会之间、人与物之间的关系,了解一定的行为准则,并且进行各种行为练习,日积月累,循序渐进,逐步形成某些良好的行为品质。在一日生活常规和生活制度中渗透着道德教育的内容,通过常规训练和严格执行生活制度,可以培养学前儿童有礼貌、守纪律、诚实、勇敢、自信、关心他人、爱惜公物、不怕困难等品德和行为习惯。例如有的教师利用幼儿每天的洗手常规,培养幼儿的生活自理、遵守秩序、讲卫生的好习惯,而且还不失时机地抓住机会,培养幼儿心中有他人、爱惜别人的劳动成果等品质;一个幼儿洗手时把水洒在地上了,使小朋友跌倒了,保育员再次拖地,教师利用这件事让所有的幼儿理解了洗手时为什么不能把水洒出来的道理,懂得了自己的行为对他人的影响,于是规则真正成为了幼儿自身行为的一部分。由此可见,教师应当高度重视一日生活的教育价值,挖掘生活常规中的教育因素,让幼儿在日常活动中逐步形成良好的品德。

专门的德育活动是实施学前儿童德育的有效手段。专门的德育活动是指教师根据幼儿的年龄特征与年龄班德育的内容与要求,结合本班幼儿的实际情况、行为表现,有目的、有计划组织的德育活动,也就是为实现某项德育目标而组织的教育活动,例如谈话、讨论、上课、丰富多彩的实践活动(如参观、春游、劳动、节日庆祝活动)等。幼儿的道德认知、情感以及行为,通过每一次活动,特别是实践活动的积累而逐渐得到发展。比如通过参观铅笔厂,幼儿亲眼看到一支小小的铅笔要经过那么多工人叔叔的劳动,会更爱护文具,珍惜劳动果实;国庆节期间,唱"祖国真美丽"的歌,画"我爱北京天安门"的画,参加愉快的庆祝活动,观看节日夜晚辉煌的灯火,在披着节日盛装的公园里游园等,会让幼儿实际地感受到祖国的美好,激发起热爱祖国的真实情感。

专门的德育活动可以集体进行,也可以分组、个别进行;活动内容应以幼儿周围熟悉的现象或他们生活中的事例为主;多采用幼儿自己解决问题的方式;活动时间长短依内容而定,可以在一日生活的任何时间内进行;活动应当尽可能利用游戏的形式进行。

游戏是幼儿园的基本活动,也是德育的基本形式。由于游戏伴随着愉悦的情绪,反映了幼儿的现实生活,反映了道德、行为准则、人际关系、情感等,所以教师利用游戏进行道德品质的教育,很容易被幼儿接受。玩游戏过程中,幼儿自发地扮演一定的社会角色,实践一定的社会行为,体验一定的社会情感,对幼儿社会性发展有其它任何形式难以替代的效果。

2.学前儿童德育实施过程中应注意的问题

(1)热爱与尊重儿童。对儿童进行德育,首先要热爱与尊重儿童。爱儿童是向儿童进行德育的前提。儿童对成人的信赖和热爱,是他们接受教育的重要条件。爱是使儿童身心健全发展的重要条件和必要的环境因素。

(2)遵从德育的规律实施德育。人的每一种品德都由道德认识、道德情感、道德意志、道德行为四要素构成。在学前儿童的品德形成过程中,四要素的发展不是同步的,学前儿童的道德认识、道德意志等发展较差,因此,学前儿童德育必须从情感入手,重点放在道德行为的形成上。具体做法:由近到远,由具体到抽象;直观形象,切记空谈;注意个别差异。

(3)重视指导学前儿童行为的技巧。有目的地改变学前儿童的行为是学前儿童德育的重要任务。它不仅需要教师的热情,而且需要一定的技巧。常用的技巧主要有:强化行为的技巧、预估行为的技巧、让幼儿理解行为后果的技巧。

四、学前儿童美育

(一)学前儿童美育的概念

什么是美?这是一个很复杂的问题。一方面,美被认为是客观的,它存在于现实社会中,无所不在,能为人们的感官所感知。赏心悦目的自然美、陶醉心灵的艺术美、人类社会中的物质和精神文明之美,等等都是美存在的基本形态。另一方面,美的标准又因时代、社会的生产力发展水平或意识形态不同而不同。从"美"的字面就可看到,肥大的羊为"美",这反映了古代农牧时代的观念,而现代社会里恐怕没有谁会将美局限于此。即使在同一时代,西方资本主义所推崇的一些没落、腐朽的文化,在社会主义国家的人民看来,也绝不会认为是美的。而且不同的人、甚至同一个人在不同时候其审美的角度和趣味,也会因每个人的立场、观点、志趣、爱好、文化教养、思想方式、生活经历等不同而不同。因此,美被认为既是客观的,又取决于人的社会存在和社会意识,它是客观性和社会性的统一。

学前儿童美育是美育的一部分,它是根据幼儿身心特点,利用美的事物和丰富的审美活动来培养幼儿感受美、表现美的情趣和能力的教育。由于幼儿身心发展的特点,特别是思维的直觉行动性和具体形象性,认识过程中的情绪性等,决定了幼儿美育的特点是:通过活动,用具体鲜明的形象去引导幼儿直接感受美,而不要求对美的形象从逻辑上进行过多的理解和分析;以培养幼儿审美的情感、兴趣为主,而不以培养审美观念、概念为主;以培养表现美的想象力、创造力为主,而不以训练技能技巧为主。

(二)学前儿童美育的目标

学前儿童美育的目标是培养学前儿童感受美、表现美的情趣和初步能力。

感受美是审美的基础,幼儿期是感知觉发展的关键时期,因此培养幼儿对美的感受性是与幼儿的发展规律相一致的。萌发幼儿感受美、表现美的情趣主要是培养他们对美的健康的兴趣和爱好,这是幼儿接受美育的最重要的前提条件,也是幼儿今后继续成长、形成健全人格,形成对生命、对生活、对人类社会的积极态度的一个重要基础。在幼儿自身主动投入审美活动的基础上,培养他们相应的表现能力,特别是想象力、创造力。没有这些能力幼儿不可能体验审美活动的乐趣,不可能进行艺术活动,不可能表达自己对美的理解和感受,当然也就谈不上发展审美兴趣和爱好。

(三)学前儿童美育的内容

1. 培养学前儿童的审美情感

美育是最能深入人的灵魂和触动人的情感的教育。情感虽然不会给我们带来实际的物质利益,但它却点燃人生命的火花,把人推向高尚的境界。

2. 培养学前儿童的审美感知

审美感知是审美活动的开端和基础。培育学前儿童的审美感知就是积极引导学前儿童去亲身感受和体验现实生活和周围自然环境中的美,使其在感知活动中对美变得敏感起来,能在平常的事物中、生活中发现美、感受美。不能否认幼儿常常表现出对美有本能的感知兴趣,但是,这种自发的、无意识的兴趣若得不到正确的培养和引导,就可能停留在短暂、肤浅、零散的水平上,或随着年龄增大,逐渐淡漠乃至消失。

学前儿童审美感知的发展与其一般感知觉和认知的发展相伴随,从无意识地对美的东西的注意到模仿周围成人对美的感受,直至自觉地认识美、欣赏美、表现美。幼儿的审美感知具有表面性,如他们容易接受表面的简单的形式美,喜爱鲜明、艳丽的颜色,不注重色彩的协调,喜欢听欢快、变化明显的曲调等。幼儿的审美感知还带有行动性,常常直接以动作、表情、语言和活动等方式表现对美的感受、理解、态度,例如对美的东西总喜欢动手摸一摸,看一看,听一听,闻一闻等。因此,应当多组织各种活动。让幼儿有机会发展感觉器官和基本的认识能力,同时充分利用自己的各种感官去感知美,发展对美的丰富感受性。

3. 培养学前儿童的审美想象和创造

学前儿童在感受美的基础上,在情感的驱动下,会产生表现美的欲望和行动,幼儿表现美的核心是幼儿的想象和创造,即学前儿童以自己的方式、带着自己的特点,表现自己对美的独特体验和理解,创造出新的形象、新的想法。学前儿童的想象和创造需要积累多种经验,需要自由的学习环境,需要通过绘画、唱歌、舞蹈、语言等丰富多彩的活动发展一定的能力和技能才能实现。因此,营造一个宽松的气氛让学前儿童能自由地想象、创造,提供一个开放的环境让幼儿能开阔眼界,获得丰富的刺激,创设学前儿童能充分显示自己创造能力的机会和条件等,都是美育的重要内容。

(四)学前儿童美育的实施

1. 学前儿童美育实施的途径

艺术教育是实施学前儿童美育的主要途径。因为艺术是人类审美实践的集中体现,所以艺术教育是美育的主要手段。艺术教育通过语言艺术、造型艺术、音乐艺术等,"创造一个了解艺术而且能够欣赏美的公众"。艺术给人最充分最完满的美的享受,艺术美直观、鲜明、富于表现力,因此最易引起学前儿童感情上的共鸣,被学前儿童理解和接受,最能陶冶学前儿童的情感,让学前儿童懂得什么是丑,什么是美,对培育学前儿童的审美素养有极大的意义。

幼儿园的艺术教育主要通过音乐活动、绘画活动、手工制作、文学作品欣赏、表演活动等来实施。在这些活动中,发展幼儿的听觉、视觉、触觉、身体感觉等综合审美感知,让幼儿被歌曲、旋律、舞蹈、绘画工艺品、诗歌、童话、故事等所感染,产生情感体验,并激起幼儿用节奏、色彩、线条、形体等来表达美、创造美的欲望和行动。

日常生活美育是实施学前儿童美育的重要途径。美育的实施不应仅仅局限在艺术活动方面,日常生活是向学前儿童进行美育的极好机会。学前儿童最初的美感是从日常生活开始的,因为日常生活中的美是学前儿童最接近、最熟悉、最容易感知的。应注意引导学前儿童发现、认识周围生活中平凡的人和事物的美。如与老师、同伴交往过程中的言语美、行为美、仪表美;散步中观赏幼儿园及其周围的环境美;就餐时菜肴的色、香、味以及炊事员叔叔的劳动美,等等。除了幼儿园的生活之外,与家长配介,在与幼儿最密切的家庭生活中开展家庭美育,也是十分重要的。如家庭朴实、整洁的环境美,家庭成员言谈举止的形象美,家庭气氛的祥和美,等等,让幼儿耳濡目染,潜移默化,对幼儿精神美的形成有巨大作用。总之,生活中处处有美,幼儿的生活是幼儿美育取之不尽、用之不竭的源泉。

大自然、社会生活是学前儿童美育的广阔天地。美育不仅仅局限于学前儿童自己的生活,美育的主要题材可以远远超越学前儿童直接实践活动的狭隘范围。自然界是学前儿童美育内容的天然宝库,它为学前儿童提供的审美对象是丰富多彩、千变万化的。自然界的美是真实的美,它具体、直观、生动、形象,很容易为学前儿童所感知。引导学前儿童观察和感受大自然的美是幼儿美育的重要途径。幼儿园,特别是大城市的幼儿园可利用远足、郊游、到农村参观等活动。尽可能地创造幼儿与自然接触的机会;利用影视、美术作品等艺术手段让幼儿感受大自然美的力量;利用幼儿周围的自然物进行美育,如培植草地,种植花卉,采集落叶或昆虫的标本,欣赏大自然每天给予的蓝天、白云、红花、绿叶等。在幼儿观赏自然时,教师可选择恰当的能为幼儿理解的艺术语言来表达其中的美,并以自己对自然美的热爱来引导幼儿产生美的情绪体验。

社会生活的美育是引导学前儿童去认识、感受、观赏社会中的美好事物,激发幼儿对生活的热爱和追求。人类的生产不同于动物,它不仅按照需要的法则,而且总是同时"按照美的法则",因此人类社会的生产活动、产品都带着人对美的追求。人们的衣食住行、生产、生活中,都普遍地、广泛地存在着审美因素。为学前儿童所能理解的社会生活中的美育主要有:我国社会主义建设各行各业劳动者的劳动美、所创造的劳动成果的美,如金色的稻田、雄伟的建筑、美丽多彩的服装、琳琅满目的商店橱窗等,都会使人心情激动,产生强烈的美感,应当引导学前儿童去认识和感受;社会主义祖国大家庭的精神文明之美,如祖国各地的好人好事,一方有难八方支援的感人事迹,全国人民万众一心抗洪抢险的英勇斗争等,都展示出崇高而伟大的史诗般的美,它们是感染和教育学前儿童、培养学前儿童美好心灵的最美的精神财富;新型人际关系和社会成员的行为美、语言美、仪表美等,给学前儿童最经常、最持久的美的享受和熏陶;成人的文明形象给学前儿童树立良好的榜样,使学前儿童从小学会分辨美丑,养成文明礼貌的良好行为习惯。

2.学前儿童美育实施过程中应注意的问题

(1)美育应面向全体学前儿童。美育的目的是培养每一个幼儿美的情感、美的心灵,促进每一个幼儿人格的健全发展,而不是为了培养艺术家,不是为了培养极少数艺术小天才。当然,由于幼儿在艺术天赋上的个别差异,有的幼儿的某些艺术潜能需要早期培养,但这不应当以牺牲其它幼儿应有的发展为代价。一般来说,幼儿艺术天赋的差异不是很大的,应当针对每个幼儿的兴趣和需要,让他们得到应有的发展。也就是说,在美育中必须贯彻面向全体、注意个别差异的原则。

(2)重视培养学前儿童的想象力和创造力。美育中学前儿童表现美的灵魂是幼儿的自由想象和创造,而绝不仅仅是依样画葫芦似的模仿。培养学前儿童艺术创造的主动性是美育的重要目标。为此,在幼儿园艺术活动中,必须克服过分强调表现技能、技巧的偏向,因为这种偏向把创造性的表现活动降格为一种机械训练,这对发展幼儿的想象力、创造力是不适宜的,其后果常常是使幼儿失去自信心、产生无能感,害怕或者讨厌艺术活动,或只会机械地服从或模仿成人,这就完全背离了幼儿美育的宗旨。教师在指导方法上,必须注意启发式而非命令式,克服以教师为中心的倾向。除艺术活动之外,在生活中,幼儿也常常表现出对事物的独特的审美感受和理解,成人不要随意贬低或纠正,而应鼓励和接纳。

第三节 学前儿童全面发展教育的实施原则

一、尊重幼儿的人格尊严与合法权益的原则

学前儿童全面发展教育是建立在"以儿童为本"的理念基础上的,因而在教育过程中必须贯彻尊重幼儿的人格尊严与合法权益的原则。这一原则要求:教师要将儿童作为具有独立人格的人来对尊重他的思想感情、爱好、要求和愿望等。同时,应保障儿童的合法权利,包括受教育权、受抚养权、发展权、游戏权。

学前儿童首先是人,其次才是受教育者,教师尊重儿童首先就应该把学前儿童当成一个具有人格尊严的人。学前儿童有自己想要玩的玩伴,有自己喜欢的玩具,有自己爱好的活动。教师应该尊重儿童的选择,在尽可能的范围内努力让儿童的合理想法得到满足,而不是武断地替儿童做各种决定,野蛮地干涉和变更儿童的选择,认为学前儿童小,什么都不懂,成人替他作出的选择就是最好的选择,这些都是不可以的。

同时,教师应该保障学前儿童的合法权益。儿童年纪小,法律意识很少,身体也不够强壮,很多时候无法像成人一样进行有效的自我防护或者当伤害来临时无法有力地避开。基于这些,教师更要尊重儿童的各项合法权利不受侵犯。最基本的就是教师应保护儿童的生命安全,儿童的生命安全和身体健康权任何人都不得侵犯。如果儿童的生命和健康都得不到保障何谈教育?学前儿童与成人一样,正当地享有很多项权益,教师应熟知学前儿童享有的权利,争取做到最大限度地保障学前儿童的各项合法权益。

二、注重全面性与差异性的原则

在幼儿园,教育的全面性有两层含义:一是教育要面向全体幼儿;二是教育要促进幼儿的全面发展。首先,教育要面向全体幼儿是指教师不应放弃任何一个幼儿。班级里的幼儿表现总是有教师喜欢的和不喜欢的,教师的精力也有限,难免会多关注到那些热情大方的孩子,而那些内向文静的孩子总是很少能够得到教师的关注。教师要做到的就是努力让自己摒除偏见,平等地关注班级里的每一位幼儿。其次,全面性原则是指教育要促进幼儿的全面健康发展。有的孩子生活自理能力强,有的孩子思维积极活跃,有的孩子善于攀爬,有的孩子善于奔跑。世界上没有完全相同的两片树叶,也没有完全相同的两个孩子,每个孩子在认知、能力、情感、个性等方面都有不同的表现。教师在关注到每个孩子的优点时,也应看到其短板,让每个孩子都能在体、智、德、美方面全面和谐发展。

教育的差异性原则指的是教育除使每个儿童尽力发展外,还允许根据每个儿童的特点充分发掘各自的潜能实现自己的特色发展,因人而异地进行教育而不是千人一面。

教师不是一把镰刀,幼儿也不是长得齐刷刷的韭菜,所以幼儿教育不是像镰刀割韭菜一样一割一大把,这就是我们说的教育不能搞一刀切,而要时刻关注到幼儿发展的差异性,因材施教。

三、保教结合原则

保教结合是我国幼儿教育的一大特色,也是幼儿园一贯坚持的原则。

幼儿园的活动内容中包括保育和教育两方面的内容。保育就是精心照料幼儿生活,保护幼儿健康,包括健全吃饭、穿衣、睡觉等合理的生活制度和提出具体要求;注意个人和环境卫生,预防疾病,保证安全;科学地开展多样的体育锻炼,增强幼儿体质。除此之外,还应注意对幼儿进行心理保育。教育就是按照体、智、德、美的要求,有目的有计划地对幼儿实施全面发展教育,包括卫生保健和安全教育,培养幼儿形成良好的生活卫生习惯和自我保护意识,发展基本动作,传授周围生活中粗浅的知识和技能,发展语言表达能力和智力,培养良好的思想品德和行为习惯等。

保教结合原则是指在教育教学活动中,教师要树立"保教结合、保教并重"的思想,把保育和教育有机地结合起来,使幼儿在健康成长的同时增长知识和技能;发展智力的同时形成良好的品德和行为习惯,身心得到全面发展。实施保教结合的原则,教师一要转变观念,二要积极行动。

转变观念指的是教师不能再有重教轻保或者是重保轻教的思想意识,一些教师认为幼儿最重要的就是学习知识、技能。所以生活活动无关紧要,只要保证幼儿吃饱穿暖即可,评价一个幼儿最重要的指标在于他是否聪明伶俐、爱动脑筋等。这种重教轻保的思想会让孩子的生活活动得不到重视。还有一些教师认为孩子那么小,根本学不会什么东西,所以在幼儿园里最重要的就是要让孩子吃好、玩好、睡好,至于学知识、技能。那都是无关紧要的,所以会忽略教学活动。这种重保轻教的思想也会让孩子不能够健康、全面成长。所以幼儿教师首先要牢固树立"保教结合、保教并重"的观念。

积极行动指的是把正确的"保教结合、保教并重"的观念贯穿到幼儿的一日生活、教学和游戏中。在生活上,从入园、洗手、进餐这些一日生活常规中培养幼儿良好的行为习惯。如规定幼儿来园时间,并请家长配合做这个工作,从而培养幼儿的时间观念,养成遵守作息制度习惯;吃饭时,要求幼儿饭前洗手,饭后漱口,不讲话,不浪费粮食,使他们养成文明的进餐习惯。在教学活动中,除了要重视培养幼儿的知识和能力外,要积极关注幼儿的情感,多给胆小的孩子创造发言、交流的机会,多关注内向的孩子看看他们是否愿意与老师积极互动。在游戏中,不仅可以锻炼孩子各方面的能力,教师还应注意孩子在游戏中的安全,尤其是户外体育活动中,教师的眼睛应时刻关注每一位幼儿的动向。

教师只有在幼儿园一日活动的各个环节牢固树立"保教结合、保教并重"的观念,才能在各环节关注到幼儿的身体、心理和情感各方面的健康和谐发展。保教结合原则不仅是我国幼儿园发展的教育方针在幼儿园教育教学实践活动中的具体体现,也是我国幼教工作者长期工作经验的总结,是促进幼儿身心全面健康发展的基本原则。因此,在幼儿园总体教育中,既不能只抓保育,不顾教育;也不能只抓教育,忽视保育,必须把二者有机地结合起来。在幼儿园各项具体工作中,都要始终坚持保教结合的原则,既要注意在教育教学活动过程中加强对幼儿的保护,也要注意发挥日常生活活动的教育作用。

四、发展适宜性原则

发展适宜性是指学前教育的目标、内容、方法、评价等都应符合学前儿童身心发展特征和规律。既适合幼儿的现有水平,又有一定的挑战性;既符合学前儿童的现实需要,又有利于其长远发展;既贴近学前儿童的生活来选择幼儿感兴趣的事物和问题,又有助于拓展学前儿童的经验和视野。

这一原则要求教师应全面了解学前儿童的身心发展特点,根据幼儿的身心规律制订合适的教学目标、选择合适的教学内容和方法、运用合理的评价机制。只有在了解清楚学前儿童身心特点基础上进展的教育才有时能是有效的,否则就会适得其反。

五、科学性原则

科学性原则是指向学前儿童传授的知识、技能应该是正确的、可靠的,是符合客观规律的。教学内容安排、教学组织形式选择和教学方法的运用应符合学前儿童年龄特点和认识事物的规律,是切实可行的。也就是说要保证教育全过程的科学性。

学前期是一个人身心发展最迅速的时期,也是人一生智力发展最快的时期。学前儿童年龄小、经验少、判断力差、模仿性强,容易接受周围环境的影响和外部刺激,而这一时期形成的认识在大脑中会留下深刻的印象,对其进一步发展将产生深远的影响。如果在幼儿园教育教学中违背科学性原则,不顾幼儿的年龄特点和认识事物的规律组织教学,向幼儿灌输一些似是而非、不切实际、非科学性的知识,不仅影响幼儿现在的进步,也会给以后的发展造成障碍。

对于开展幼儿园教育教学活动来说,坚持科学性原则是极其重要的,它既能让幼儿在发展的最佳时期获得大量正确、可靠的知识和技能,迅速提高其智力水平,又可为将来进一步提高奠定良好的基础。

六、趣味性原则

趣味性原则是指在幼儿园教育活动中,教师必须使各教学环节充满趣味,以引起幼儿浓厚的学习兴趣,激发幼儿学习的积极性和求知欲,使幼儿在愉快的气氛中,带着喜悦的情绪,全身心地投入到活动中去,获取知识和技能,即寓教育于娱乐之中。

幼儿时期事认识的发展尚处于无意性占优势的阶段,他们的学习往往受兴趣支配,而兴趣的产生主要来自周围环境的影响和刺激,受好奇心理支配着。幼儿年龄越小,越缺乏活动的目的性,情绪不稳定,注意力不能长时间集中,不会做意志上的种种努力,完全依靠外界环境与教学中提供的各种积极刺激。因此,只有教育教学的内容、活动形式、方法等符合幼儿的特点,使他们能接受并产生感兴趣的刺激,才能激发幼儿参加活动的主动性和积极性,产生强烈的求知欲望。

七、环境育人原则

环境育人即利用环境中的教育因素,为学前教育服务,促进学前儿童的健康成长。

《幼儿园教育指导纲要》提出:"环境是重要的教育资源,应通过环境的创设和利用,有效地促进幼儿的发展。"环境是人赖以生存和发展的物质、心理、社会等条件始终是幼儿教育和发展的宝贵资源。

环境包括物质环境和精神环境。在幼儿园中,教师应该努力为幼儿创造一个美观的、丰富的、具有教育意义的物质环境,让幼儿能与环境充分互动,在环境中学习,使环境真正能成为幼儿的"第三任教师"。幼儿园的物质环境可分为室内和户外两大部分,户外环境应多为幼儿提供一些大型玩具、攀岩墙等,有条件的幼儿园可为幼儿提供一些原生态的自然环境,如堆满了天然沙石的沙堆、流淌着静静溪水的小溪、长满了花草的草坪等。室内环境应重视幼儿的参与性,无论是墙面环境、地面环境和区域活动的环境,都应有幼儿参与的踪影。环境不应是为了追求美观而不让幼儿破坏的美术品,而应是幼儿自己动手操作和参与的作品。此外,教师还应根据季节、时令不断变换环境内容来吸引幼儿的注意力。

精神环境在幼儿园中最直接和集中的体现是师幼关系和幼儿同伴关系上,为此,教师应该建立一个良好的班级精神氛围。这就要求教师热爱幼儿、尊重幼儿、热爱幼教事业,建立真正平等和谐、互动良好的师幼关系,并持续关注幼儿同伴之间的关系建立。

第四章 学前教育环境的创设

第一节 幼儿秘密空间环境的创设

在幼儿园的活动环境中,有的孩子会积极地投入游戏中,有的孩子却更愿意待在角落里,而如何让这些更愿意独处的孩子们积极地投入到集体中去,是很多幼儿教师们讨论的话题。但是,换个角度看,孩子们有选择的权利,同时也包括选择独处的权利。儿童的秘密总是被他们隐藏起来,却又无处不在。拥有秘密,正意味着儿童自我意识发展的开始;而秘密地共享,意味着儿童之间微妙亲密关系的建立和产生,也丰富了儿童的内心世界。秘密空间对于幼儿满足其独处的需要和很多情绪情感的需要来说是相当重要的,当幼儿产生不良情绪时,他们能够在秘密空间中通过独自游戏以及自省得到排解。秘密空间的存在是尊重和保护幼儿秘密的前提条件,而幼儿园作为幼儿生活的主要环境之一,创设幼儿秘密空间是势在必行的。

一、秘密、空间、秘密空间等相关概念

秘密(Secret)一词来源于拉丁语中的 secretus,意为"分离、拆散、隐私",指事物和资料有意识不对外公布的状态,社会无法透过公开途径得知其存在或者内容,也指代在该状态下的事物和资料。秘密不仅指那些藏在人们内心深处的东西,也可指那些只愿意和某些人分享的东西。

空间,大致上是指物质存在所占有的场所,物体与物体之间的界线,或是物体与物体之间的相对位置等,是抽象化之后形成的概念。亚里士多德将空间定义为事物的"场所"。

秘密空间,是指保持人、事物或资料不被外界得知其存在或其内容的状态的场所。幼儿园秘密空间,则是指在幼儿园中,能供给幼儿在不被他人打扰的情况下进行自主游戏或活动、体验自我、获得秘密体验的相对隐蔽的场所,主要包括:

(1)幼儿园建设规划中包含的为幼儿提供能获得秘密体验的场所。

(2)教师根据其所在班幼儿的情况为幼儿设置的秘密空间。

(3)幼儿自主发现的、幼儿园中天然存在的秘密空间。

(4)幼儿藏匿自己的秘密和"宝物"的秘密空间等。

二、创设秘密空间的注意事项

"秘密空间"的创设迎合了幼儿的不同需要,在实际设立的时候需要注意以下问题:

(1)不同年龄阶段的幼儿有不同需要,材料的投放也可以相应有所调整。如小班的幼儿处于独立活动阶段,他们进入秘密空间时,也许是希望获得安全感,所以材料的投放可以偏向于毛绒玩具、抱枕等能给予幼儿安全感的物品;而大班的幼儿进入秘密空间则更偏向于希望构建自己的个人空间,获得独处的乐趣,以及通过对空间的改造、布置从而获得一定的成就感等,所以在材料投放的时候就可以偏向于图画书、故事书、画纸笔、小桌椅、小盆栽、窗帘等环境布置材料。在实际创设的时候,秘密空间作为一个提供情绪宣泄、获得独处体验的区域或区角,教师可以更加关注幼儿的内心感受,在他们进入秘密空间时,给予他们独处的自由;而当活动结束后,可以请幼儿分享内心的感受,使他们的情绪得到真正的排解;又或是与其它幼儿分享独处的乐趣,让每个幼儿都有机会认识自己、表达自己。

(2)秘密空间作为一个半封闭式的区域,只能容纳一至两个幼儿,因此,安全问题就显得尤为重要,教师既要给予幼儿充分的自由,也要适当巡视确保儿童的安全,同时,也要注重材料的安全性。

(3)设立区域时的理想状态并不代表实际幼儿使用区域时的状态,设立秘密空间的初衷是为了给予幼儿调节自身情绪、体验独处乐趣的机会,教师不应在幼儿的活动过程中进行过多的干涉或打搅;同时,也尽量避免其它幼儿打搅秘密空间内的幼儿或扰乱秘密空间内的秩序,因此,秘密空间的进入也需要有一定的进入准则或规则。

三、加强幼儿园秘密空间设置的对策

(一)政府和企业应加强对幼教事业的管理和建设

完善和更新幼儿园的基础设施,加强对幼儿园管理者的培训,普及并深入秘密空间这一概念,让幼儿园管理者及时更新观念,了解到秘密空间在幼儿成长阶段中的重要性,并在幼儿园中实践和推广开来。

(二)幼儿园要发挥好在幼儿园环境设置的主导作用

很多幼儿园有自己的园本特色,并愿意花费较多的精力将自己的园本特色办得更好。但是,鉴于秘密空间在幼儿形成自我意识和良好人格、给予幼儿安全感和存在感方面是非常重要的,所以幼儿园可以更多地鼓励和倡导教师为班级幼儿创设这样的秘密空间,帮助幼儿更好、更顺利地培养适应社会的能力。另外,幼儿园管理者在自身不断学习和更新观念的同时,可以多邀请有创设秘密空间经验的幼儿园教师或幼教工作者前来指导,分享各自的经验,互相交流学习;也可以派遣教师到有创设秘密空间经验的先进城市或先进示范幼儿园进行借鉴学习,并加以实践,在幼儿园中推广开来。

(三)幼儿园教师当好幼儿园班级环境创设的主力军角色

在环境布置中,幼儿园教师应多观察留意幼儿的秘密活动,更好地关照幼儿的秘密心理,为幼儿创设一个舒适温馨的秘密空间,并谨记秘密空间创设的初衷,当幼儿寻求帮助时,给予他们积极的回应,但不过多干涉他们在秘密空间活动。幼儿园教师可以多跟幼儿交流,了解他们内心的需要,为他们创设贴近幼儿喜好、受幼儿欢迎的秘密空间。此外,幼儿园教师除了为幼儿创设物理的秘密空间外,还应该尊重幼儿心理的秘密空间,即通过一些策略使儿童在心理上感觉自己是独立的,不会被他人打扰。儿童的秘密可能发生在一日活动中的任何环节,例如,当组织教学活动时,幼儿的身体在场,但是幼儿的思维及注意力也许被分散到了其它的地方,或是坠入了自己的世界中,教师习惯通过各种方式方法,闯入儿童的思维领地,提醒及强调幼儿回归到教学活动之中,使儿童回到教师的掌控,这在教学活动的组织和把控中本无过错,但如果教师能够及时调整教学策略,改变活动的组织方式吸引幼儿,使其积极参加到活动中来,这种方法不失为更积极有效的方法,同时也在很大程度上尊重和保护了幼儿的心理秘密空间。当幼儿之间发生小纠纷时,因为害怕被责罚而双方协调达成了一致的"理由",教师询问时听见的即便是不成熟、不成立的理由,也不必刨根问底,因为幼儿懂得通过协调和解来保护他们之间的秘密,也是幼儿通过秘密建立亲密关系中的一个进步。

(四)幼儿教师职后培训

具体做到以下几点:

(1)为教师培训开设有关儿童秘密专题的培训,使教师更深入地了解儿童的秘密,才能更好地尊重和保护幼儿的秘密。

(2)加强对秘密空间创设方面的关注,积极探索如何为儿童创设更适合其发展和使用的秘密空间(如秘密空间搭建的选材、空间内材料的投放、空间的颜色、环境布置、空间的实用性等)。

(3)鼓励教师外出学习,或开展幼儿教师交流会,创设平台,鼓励不同地区、不同的幼儿园教师之间分享各自的经验,相互学习、相互交流、相互借鉴。

(4)教师应多与幼儿交流,了解幼儿真正的需要,为他们创设真正适合他们的秘密空间。

(5)教师应自身加强学习,不断更新知识,在实践中进步。

第二节 幼儿园环境对幼儿的影响

在发展心理学中,幼儿的社会认知发展和社会化发展是两个重要的研究领域,而幼儿的认知发展是幼儿社会化发展的前提,对幼儿往后的社会化发展有着很大的影响。社会规则认知是幼儿认知发展的一部分,也是幼儿社会教育中的主要任务。在幼儿园里,教师虽会对幼儿反复强调社会规则内容,但实践时,幼儿仍会违反这些规则。如此一来,教师就要不厌其烦地对幼儿强调社会规则,幼儿则通过时间和社会经验的积累去理解教师所说的规则内容。幼儿园的室内环境也可以起到教导幼儿社会规则的作用,且环境的特征是潜在的、长久的、广泛的,环境也是客观存在的,可以让幼儿在成长的过程中,潜移默化地记住社会规则并且理解社会规则的内容,这也是让幼儿规则内化的过程。

幼儿从"自然人"转化为"社会人"的过程中,需要理解他们周围世界的规则,让幼儿明白哪些事能做,哪些事不能做,并养成良好的行为以及做事习惯。环境是幼儿的"第三位教师",而在幼儿园里,幼儿园的环境就相当于幼儿的"第三位老师",且幼儿待在幼儿园室内的时间较室外长,因此,通过研究幼儿园的室内环境,引导幼儿认识、体验并理解基本的社会规则,对逐渐形成规则意识具有一定的实践意义。

一、幼儿园室内环境对幼儿习得社会规则的意义

(一)引起幼儿关注规则

幼儿在幼儿园中,在室内待的时间较室外长,教师可以在室内的环境创设中加入一些容易引起幼儿关注的有关社会规则的图片或图标(贴图,方便撕扯)等内容。例如,在环境创设墙中向幼儿展示各种有关社会规则行为的图片,并在图片旁边设置颜色不同的小圆点(如红色小圆点表示违反规则,绿色小圆点表示遵守规则,红色、绿色圆点数量均与班上幼儿数量相同),并让每一个幼儿都能参与判断规则行为的正误。在幼儿判断的过程中,一边讨论一边操作,能够提高幼儿的学习兴趣,在不知不觉中学到规则的内容。判断行为正误后,教师可以让幼儿自己进行一个小结并对贴图进行分类,引出规则的内容,知道什么是可以做的,什么是不可以做的,借助图片、图标让幼儿对规则内容有一个系统性的认识。在整个活动过程中,环境的图片、图标起到引起幼儿注意的作用,启发幼儿对图片内容进行思考,幼儿能够主动参与,与同伴讨论,相互促进对规则的理解认识,且图片、图标能让幼儿对规则内容有形象具体的印象。

(二)帮助幼儿认识规则

幼儿的社会生活经验多是从家庭和幼园中获取,且3~6岁的幼儿思维带有直觉行动

性,其对事物的认知理解是通过自身的感知和活动形成的,想象力丰富、自制能力弱,容易受到外界影响。根据蒙台梭利对儿童的观察和研究,社会规范敏感期是 2.5~6 岁,可知,幼儿期是规则习得的关键期。室内环境中的多彩图片能够有效地刺激儿童的视觉神经,带动幼儿感受图片内容,有利于幼儿自觉地接受活动规则。教师可在活动中让幼儿感受形象生动的图片,帮助幼儿更好地了解规则的意义。例如,在盥洗室中张贴洗手的过程,按顺序排列好,用直观具体的图像让幼儿掌握正确的洗手方法,同时激发幼儿洗手的兴趣,为培养良好的生活习惯打下基础。教师还可以在毛巾架上设置每个幼儿的标志(可以是幼儿的照片),帮助幼儿辨认自己的毛巾,并让幼儿知道毛巾应该放在设定好的位置,让幼儿养成不乱摆放毛巾的良好卫生习惯。

(三)促进幼儿理解规则

幼儿的思维主要以具体形象思维为主,此阶段的幼儿多是通过形象、声音。色彩以及动作来进行思考的。而在幼儿进行社会规则习得时,幼儿园室内的环境为幼儿提供了良好的学习规则环境,幼儿可以利用室内的活动材料理解规则的意义。

教师可以为幼儿制作色彩鲜艳、画面大且清晰的图片,在日常活动中,教师可以在一日生活中讲解图片的意思,帮助幼儿理解规则内容。例如,幼儿在上完厕所后会有浪费水的现象,教师可以针对这个现象,在厕所的墙面上设置水龙头哭泣的图片,并在图片上标上醒目的斜杠,图片意思清晰明了,幼儿通过观察思考,会发现图片的意思是要节约用水,不浪费水资源。幼儿在看到图片的时候,会观察、思考,可促进幼儿对规则内容的理解。

(四)增进幼儿记忆规则

幼儿的记忆保持时间很短,以无意识记忆为主,对形象鲜明、能引起兴趣的事物或强烈情绪体验的事的记忆能保持较长时间。对一些有目的的活动,幼儿记忆以机械记忆为主,比如教师让幼儿记住一件事,幼儿是需要长时间的重复才能记住的。

幼儿园的室内环境能增进幼儿记忆规则。一方面,规则内容的图标形象生动、色彩鲜明,幼儿在幼儿园室内环境活动时,能够引起幼儿的无意注意,在幼儿理解规则内容的基础上,能有效帮助幼儿重复记忆规则。另一方面,幼儿记忆规则是需要时间的,需要记忆的对象不断在幼儿身边出现。幼儿园的环境就很符合这一要求,幼儿在幼儿园室内环境活动的时间长,它能多次出现在幼儿眼前,幼儿能够重复多次见到记忆对象,相当于幼儿的机械记忆。

(五)便于幼儿执行规则

幼儿在幼儿园中活动,在参与活动的过程中会涉及各种规则,而幼儿的记忆是具有短暂性的,幼儿园室内环境的图标有利于幼儿在记忆规则的同时,有效地进行活动。在幼儿借助环境中图标内容执行规则时,又再一次对规则内容进行了学习。

在活动进行时,幼儿可以通过环境中的活动材料去规范自己的活动。例如,在活动室中,教师会通过粘贴颜色鲜明的胶带在活动室中围成一个范围,作为幼儿取饭或喝水时的"指定路线",幼儿在进行取饭、喝水的活动时,借助指定路线执行规则,多次活动后,幼儿内化了规则内容,在日后活动中可起到督促幼儿行为的作用,使幼儿在执行规则时互相督促,并修正违反规则的行为,加深幼儿对规则的认同感,促进良好行为的产生。幼儿内化规则后,在规则执行的过程中,幼儿化被动为主动,不再需要教师多次提醒,也能遵守规则。

二、影响幼儿社会规则习得的幼儿园室内环境创设的问题

(一)幼儿园的室内环境创设问题

1. 活动区设置的图标方面

在幼儿园室内环境中,创作图标是帮助幼儿认识规则较为常用的方法,图标直观、方便、提示性强、色彩鲜艳,更能吸引幼儿的注意力。

2. 投放活动材料的数量方面

幼儿对事物的认知理解是通过自身的感知和活动形成的。在活动中,幼儿可以通过对材料进行操作建构自己的认知结构。教师可以通过控制材料的数量,进而引导幼儿对所要学习的规则形成初步的认知。幼儿在多次的操作实践活动中可以了解材料数量与人数的关系,从而习得所学习的规则内容,获得经验,为内化规则打下良好的基础。

材料投放的数量要适宜,投放活动材料过多,幼儿活动时随心所欲,这样很难让幼儿在活动中体验规则的内容。例如,教师在活动中教导幼儿等待的规则,但是在幼儿自由活动的时候,提供的活动材料数量过多,幼儿有过多的材料进行自己的活动,并不需要耐心等待其它幼儿以换取自己所需的活动材料。此种现象造成教师教导的等待的规则仅仅只是口头教导,并不能在幼儿日常的活动中得以体现,幼儿保持记忆的时间本身就短,若教师不能长时间重复所要遵守的规则,幼儿很快就会忘记。当然活动材料数量也不宜过少,活动材料过少,大部分幼儿不能在合适的等待的时间内得到需求,等待的时间一旦过长,幼儿就容易不耐烦,在活动中就可能违反等待规则并引起幼儿间的争执,不利于幼儿习得社会规则和社会性的发展。教师应在投放活动材料时做到数量适宜,合理控制幼儿的等待时间,让幼儿在活动中执行等待的规则内容,在生活中习得良好的规则意识。

3. 物品放置的位置方面

幼儿园中的每个物品都应放置在特定的位置,创建一个整洁有序的环境,帮助幼儿建立内在秩序。幼儿在一个有秩序的环境中活动,会使他们身心愉悦,养成整理物品的好习惯,

为今后的学习和生活打下良好的基础。

教师与幼儿设定物品的摆放位置,为室内的物品建立属于它们的"家"。当幼儿用完物品或玩具后,在放错位置或乱放位置时,教师可适当提醒,或由幼儿相互监督,让幼儿知道自己把物品放错了位置,并对自己的行为进行修正。在长时间的活动中,幼儿会明白从哪里拿的东西,就要放回哪里的规则,并且保持室内环境的整洁,建立幼儿的内在秩序。

4. 活动区域规划方面

明确的空间秩序和空间行为限制能够给幼儿一个有序的、有行为界限的环境。在0~6岁的年龄段,幼儿的空间敏感期是持续发展的,教师可以利用这一敏感期,在教室内设置界定空间的桌椅或者物品,让幼儿知道在不同的区域应该怎么做。

教师要有目的地把活动区域划分成安静和活跃两部分区域。把安静的区域设置在不易被打扰、避免幼儿走动的地方,可用家具或软垫作区界。

5. 区域光线强度方面

对于幼儿来说,白天和晚上的概念控制着他们的生理节奏,他们对光的变化较为敏感。在生活中,父母和老师有时候会和幼儿说,天黑了,小宝宝要安静地睡觉了;天亮了,小朋友们去找小伙伴玩吧。其实这无意中就教给了幼儿一个潜在的规则:天黑、光线暗的时候,小朋友们要安静、要睡觉;天亮、光线充足的时候,小朋友们就可以开开心心地去玩了。在设置室内区域的时候,教师可以根据幼儿对光线的认识进行布置。例如,幼儿园会为幼儿准备不透光的居室作为睡眠区,或者为幼儿设置帘布遮挡光线,为幼儿营造一个安静的氛围和良好的睡眠环境,并与幼儿一起遵守这个"天黑安静"的默认规则。

(二)幼儿园室内环境创设者

1. 教师

教师在对班级进行环境布置的时候,可根据幼儿的认知和规则教育内容进行有教育性的布置,把规则教育内容更好地渗透在幼儿的一日生活中,更好地进行有目的、有意识的"随机教育",帮助幼儿习得社会规则,养成良好的生活习惯。除了简单的日常规则外,教师还可针对教导幼儿的规则内容,把规则的内容反映在幼儿能看见的地方,一来是在幼儿活动中能够提醒幼儿遵守规则;二来可以在幼儿违反规则的时候,教师或其它幼儿可适时对违规幼儿的违规行为进行修正。

2. 幼儿

环境的教育性不仅蕴含在创设好的环境中,还蕴含在创设环境的过程中。规则制订者可以通过讨论制订规则后,再把规则内容通过环境创设进行内容体现,并在环境创设的过程中对所制订的规则进行再次的记忆和了解,便于规则的执行。

幼儿是环境的主体,教师应是幼儿的引导者,引导幼儿了解环境,使幼儿从服从者变成规划环境的计划者、参与者。幼儿在参与创设环境的过程中,能够更加深入地理解与体会规则,从而更易于执行规则。

三、幼儿园室内环境创设的策略建议

(一)幼儿园应重视室内环境创设

幼儿园应该明确环境的教育功能可以对幼儿的成长产生深远影响,教师要更好地利用这一点,精心创设环境,让环境能够说话,在幼儿时期为幼儿习得规则、养成良好习惯创设条件,促进幼儿的身心发育成长。幼儿园还可以建立一个合理的评价机制,主要围绕所创设的环境是否符合幼儿对规则的认知,是否满足幼儿该年龄阶段的需求,以及能否体现幼儿的主体性等。评价内容还可以包括内容、材料、幼儿的参与度。在教师的技能水平方面,评价的标准要有一定的弹性,合理的评价机制可激发教师对创设环境的积极性,创设出能够教导幼儿社会规则的、会说话的环境。

(二)教师应做好幼儿园的室内环境创设

1. 教师要有意识地创设环境

《幼儿园教育指导纲要(试行)》中指出:幼儿园要创设与教育相适应的良好环境,为幼儿提供活动和表现能力的机会与条件,促进每个幼儿在不同水平上的发展。可知,环境是重要的教育资源,在幼儿教育的活动中,教师应有意识地利用环境对幼儿进行规则教育,使幼儿习得社会规则。教师应当积极地参与相关的师资培训,主动学习相关的知识,在实际的环境创设中结合所学的知识把规则教育融合在环境创设中,给幼儿一个有序的室内环境。

2. 教师应提供多样化的活动材料

即使是同一年龄阶段,每一个幼儿的规则认知发展都是不尽相同的,他们所需要、所感兴趣的活动材料也是不一样的。对此,教师应提供多样化的活动材料,引发幼儿的兴趣。幼儿喜欢看动画片,色彩鲜艳的物品可以吸引幼儿的注意力,教师可以提供娃娃、玩具、卡片等活动材料。如幼儿在园生活需要遵守日常规则,教师可用不同的活动材料展示规则的内容,通过不同的活动材料,引发幼儿的好奇心,引导幼儿在活动中对规则的内容进行交流讨论。教师还可根据与幼儿共同制订的规则内容让幼儿参与活动材料的制作,自己动手制作的材料幼儿也会较为珍惜,那么在活动的过程中,幼儿会更乐意参与,且幼儿热爱表现,会在与其它幼儿交流讨论的过程中讲解自己作品的内容,从而再次了解作品的制作意义,其它幼儿也能从中学到更多的规则内容。多样化的活动材料能为规则认知发展不一样的幼儿提供选择的空间并通过材料进行充分的探索。

3.教师应注意创设过程中的细节

教师应以幼儿为主体,在创设室内环境的过程中,要注意表达规则内容的图标应直观易懂,图标色彩应鲜艳,这样才能吸引幼儿的注意力;另外图标摆放的位置应以幼儿的身高为准,这样幼儿在日常活动中才能看到图标的内容,并提醒自己要遵守图标所表达的规则内容。活动材料的摆放应有秩序,让幼儿从小养成整理物品的习惯,能明白从哪里拿的东西,就要放回哪里的"归位"规则,从小建立幼儿的内在秩序。区域光线强度也要根据区域活动的内容来进行调整,如活动区的光线应充足明亮,睡眠区可以设置帘布使光线昏暗,适合幼儿睡眠,从而让幼儿潜移默化地认为,光线昏暗就不应大声喧哗,并遵守"天黑安静"的规则。

4.教师应充分发挥室内环境的作用

除了常见的功能室和区角空间外,班级的活动室还有许多小空间,教师可以根据活动室的大小划分小空间,并为小空间赋予该空间的意义。例如,教师可利用光线阴暗这一特点,在室内楼梯的下方角落设置"悄悄话房间",房间的入口处画上 4 个小脚印,告诉幼儿进"房间"时要脱鞋,一次只能进两个人。光线阴暗这一特点则告诉幼儿进房间要安静,不能喧闹。虽然空间小,但有一个专门的空间让幼儿说悄悄话,让幼儿无拘无束自由玩耍。教师也可设置有趣的学习规则的小型活动室让幼儿进行"冒险",室内空间可以变化丰富,让幼儿在小型活动室中探寻自己感兴趣的规则内容并在学习的过程中感受到快乐。这种有趣的活动室更能让幼儿集中注意力,专注于对事物的探索。

(三)让幼儿参与部分活动环境的创设

虽然,以幼儿的年龄和对事物的认知特点,室内环境创设不能完全交给幼儿决定,但是幼儿可以参与确定主题、挑选内容、选择材料的过程。在规则教育中,幼儿由于参与了环境创设的过程,会对创设的内容(即规则内容)有初步的了解,当环境创设出来后,幼儿对内容再次进行理解。挑选内容的过程,其实就是规则内容的讨论,由幼儿全体讨论出的规则内容,幼儿会更乐意去遵守。在活动中,当某幼儿违反规则时,其它幼儿或教师可监督违反规则的幼儿通过创设的环境进行修正,幼儿对所学的规则再次理解,习得社会规则。环境创设的评价也可让幼儿参与,教师引导幼儿进行自我评价,教师形成最终的评价结果。从环境的创设过程到评价都体现着幼儿的主体性,让幼儿感受到自己是环境的主人,深刻理解环境所体现的内容,对幼儿进行规则习得有着更好的帮助。

第五章 幼儿认知发展研究与游戏教学

第一节 幼儿认知发展概述

一、认知和认知发展

（一）什么叫认知

认知是人对客观世界的认识活动，它是"认识"这一词的同义语。认知是一种心理活动或心理过程，是属于智慧或智能方面的心理过程。人对客观世界的认识活动是多种学科研究的对象，为了和别的学科（如哲学）区分开来，心理学称之为认知。我们还经常提到"认知能力"，这是指"认知水平"而言。提高幼儿的认知能力即提高幼儿的认知水平。

儿童的认知包括哪些方面呢？概括而言主要包括两大方面：一是对物理世界的认知，或称自然认知，即认识自然界各种现象、事物和它们之间的关系。如对数的认知，对时间、空间、因果关系的认知，对类别、序列关系的认知等。儿童对自然事物的认知能力的发展是儿童学习、掌握科学文化知识的心理前提；二是社会认知。社会认知的研究对象是人和人类社会。例如儿童对于人、人与人的关系以及制约这些关系的准则、道德规范的认知。因此，社会认知与儿童的道德发展是紧密联系的。总之，儿童的认知是指他们对客观世界的认识。那么在儿童对客观世界的认知过程中有哪些心理活动属于认知的范围呢？心理学家普遍认为，认知包括感觉、知觉、注意、思维、想象、创造、问题解决，也把学习、记忆、语言、动作活动等包括在内。可见，认知能力是一种很一般的能力，即人类认识客观世界的智慧能力，因此，人们也经常把智能看作是认知能力的同义语，智能开发也就是认知能力的开发。

我国有的心理学家把认知分为三个范畴，也就是三种基本认知过程或成分。首先是感知，这是认知的开始，它是由客观物质的刺激作用直接引起的，所以感知是直接的认知；其次是表象，这是头脑中呈现的，对于感知过的事物的一种映象，但它却往往不局限于感知过的某一特定事物，如"桌子"一词唤起的表象已不是某一特定的圆桌子、方桌子的映象，而是一种"很一般"的映象。所以表象既具有形象性的特征，又有一定的概括性；再次是概念，这是对客观事物的概括和抽象,它在不同程度上反映事物的本质属性。表象和概念都是在感知的基础上获得的,不是客观事物的直接影响产生的,故可以叫作间接认知。人的种种实际认知活动都涉及这三者。认知能力的发展表现为这三种认知过程或成分的动力变化,从而显示出发展的阶段性。

(二)认知的发展

人非"生而知之者",但人类的种系发展在生物学上已为初生的幼儿准备好认知发展的内部机制。幼儿呱呱坠地以后,开始与客观环境接触,与人类社会交往,在这种接触与交往中,随着身体的成长,特别是神经系统的发育成熟,才逐步发展他的认知能力。

认知的发展表现为各种认知心理机能的发展,如感知能力的发展、注意能力的发展、忆能力的发展和思维能力的发展等。以注意发展为例,未满一个月的幼儿就会对各种感觉器官的刺激做出反应,最明显的是听觉,其次是视觉,这可以说是最初的注意。在幼儿出生后的第三个星期,当他听到有人走近他的摇篮的时候,他停止了啼哭,就是有了注意。又如,当他看到一个熟悉的面孔走近来的时候,他就注视着,如果这面孔移开,他的目光也随之而移动,这是注意的明显表现。儿童到了一两岁,无意注意有所发展,如他们能一会儿看着鱼缸里金鱼游泳,一会儿又转向鸟笼里欢叫的小鸟等。如不受干扰,他们能专注几分钟玩一个玩具。但三岁以前的幼童的注意主要是受外界刺激影响而引起的,是一种无意注意。儿童到了三岁以后,仍然是无意注意占优势,但有意注意也开始发展起来。如在幼儿园生活中,他要按照老师的要求,吃饭前必须把手洗干净,午睡后要把被子叠整齐,参加游戏活动要遵守游戏规则等。但有意注意的迅速发展只是在儿童入学以后。我们经常听到一些家长抱怨自己幼儿园的孩子"坐不住""贪玩""学习不用心"等,这是因为他们不懂得这一阶段儿童注意发展的特点,对孩子的行为提出了过高的要求。其它心理机能的发展也经历了这种由不随意向随意发展的过程。

儿童认知的发展还表现为领域知识的发展。如数、时间、空间、运动、速度、因果等都是儿童认知的不同领域,儿童对这些领域的现象和事物的认知能力是由低级向高级逐步发展的,具体表现为对这些领域的知识的不断丰富和深化。近年来国际上有些发展心理学家如格尔曼第(S. A. Gelman)、维尔曼(H. M. Wellman)等提出了儿童认知发展是"理论"发展的新观点。他们认为,人类的知识尽管种类繁多,但可以归纳为若干个重要的或"核心"的知识领域,如物理世界的知识、生物世界的知识和心理世界的知识等。儿童在日常生活中,经常要和物理的、生物的和人的心理等事物接触和交往,通过经验的积累,逐步形成了不同知识领域的各种前科学概念,如儿童能对生物和非生物现象做本体论的区分,也能认识不同领域的特殊的因果现象,他们将这种前科学的认识称为"朴素理论"。如幼儿知道球不会自己滚动,人踢它、扔它才会动,但猫、狗却自己会走,因为"它们是活的";桌子、椅子不会长大,而花草是会长大,也会"死"的;人会想,有记性,但石头不会,因为石头没脑子、也没耳朵等。儿童的这些"朴素理论"是他们入学后学习、掌握科学文化知识的基础。

自从认知心理学在现代心理学中的发展和影响日益增大,有些心理学家用信息加工的观点来解释儿童认知及其发展。其研究范围主要包括感知觉、注意、表象、学习记忆、思维和言语等心理过程或认知过程及其发展。所谓信息加工观点,就是将人脑与计算机进行类比,将人脑看作是类似于计算机的信息加工系统,力图揭示不同年龄儿童认知过程的内部心理机制,即信息是如何获得、贮存、加工和使用的。这些心理学家没有一种单一的全面的理论指导研究,所要研究的问题仍然如前,但对心理发展的解释却改变了,这也是一种进步。

儿童认知经历了一个逐步发展的过程,这种发展表现出什么样的基本趋势呢?

(1)儿童认知发展是由近及远地发展。即儿童首先认知在时间、空间上与自身较为接近的事物,然后再逐步扩展到认识时空与自身距离较远的事物。如幼儿最先认识一日之内的早、午、晚时序,然后再扩展到认识今天、明天、昨天的时序,再进而认识一星期内的时序及四季的时序等。

(2)儿童认知是由此及彼地发展。即儿童认知事物是由局部到整体、由片面到比较全面。这一发展过程皮亚杰学派称之为从"单中心性到脱中心性"。

(3)儿童认知发展是由表及里地发展。即儿童最初只认识事物的表面现象,以后随着年龄的增长,才认识事物的内在本质属性。如幼儿最初不能完成数守恒任务,其中一个原因是幼儿的认知受物体空间位置排列变化的知觉属性的支配,以后才摆脱这种知觉属性的干扰,从本质上把握数量关系。

(4)儿童认知发展是由浅入深地发展。即儿童认识一个事物,并不是一蹴而就的,而是要经历多种水平或阶段,由不知到知,由知之甚少到知之甚多地逐步向深处发展。儿童认识各种有关自然现象的概念和社会概念都经历了这一发盛过程。

(三)认知发展的连续性和阶段性

儿童的认知发展究竟采取什么形式?是呈阶段式地向前发展,还是不呈阶段性、只表现为连续性呢?

所谓连续性是指发展变化是一小步、一小步地渐进式进行的,发展只有量的改变而没有质的变化。强调环境影响的行为主义心理学家认为,儿童行为的习得是由于强化而形成的刺激与反应的联结。如儿童口语能力的发展中,新词汇的获得和词汇量的扩大、语法规则的掌握等都是渐进式的,他们只承认发展的连续性而否认阶段性。发展的曲线表现为一条逐渐向上的平滑曲线。

另一派心理学家如皮亚杰主张发展呈阶段式的变化,发展的曲线表现为向上台阶式的。皮亚杰提出,认知发展可以划分为四个阶段即感觉运动阶段(从出生到2岁)、前运思阶段(2岁至6或7岁)、具体运思阶段(6或7岁至11或12岁)和形式运思阶段(11或12岁至14或15岁)。每一阶段都有独特的认知结构,从而具有区别于别的阶段的质的特点。

其实,心理发展中的量变和质变或连续性和非连续性(阶段性)跟物质运动的其它形式一样。是普遍存在的事实。从儿童认知发展中,我们同样可以找到连续性和非连续性的证据。

以儿童动作发展为例。幼儿八九个月就开始学习爬行,起初,幼儿爬行的动作十分笨拙:胸口、肚皮紧贴地面,只会靠手臂用力,爬得很慢、很费力。后来经过练习,动作越来越熟练,他双膝着地,交替式地向前爬行,很快地从房间的一头爬到另一头。这一爬行技能的进步是渐进式的、连续的变化。到一岁左右,幼儿开始学习走路,最初由大人搀扶;后来自己扶着家具一步步向前挪;然后能脱手蹒跚地行进,并可能摔几个跟头;最后能熟练地独立行走。这一行走技能的进步也是渐进式的,但行走和爬行毕竟是动作活动发展的两个不同阶段,虽然前者是在后者的基础上发展而来的,但后者是一种全新的、更高级的行为模式,这一行为模式的改变是发展过程中渐进过程的中断,或质变。

在儿童语言发展过程中,发展连续性的证据俯拾皆是,如儿童词汇量的不断扩大等。但幼儿从咿呀学语到一岁左右说出第一批词,从只能说单词句到能说出双词句,从双词句到能说出意思完整的句子,不能不承认这显示出不同的发展阶段。儿童思维方式的变化也可以区分出不同的发展阶段。如学步儿阶段是直觉行动思维为主;幼儿阶段是具体形象思维为主;而童年中期(小学阶段)则是具体形象思维向抽象逻辑思维过渡的阶段;到进入中学以后(约14－15岁),儿童的思维方式又产生质的变化,即抽象逻辑思维占主导地位,能运用假设命题系统地进行逻辑推理,概括认识事物的客观规律。

应该以发展的阶段性和连续性相统一的观点为指导来研究儿童的认知发展。首先,儿童的认知发展是区分为不同的阶段的,每一阶段的认知特点有质的规定性,如幼儿阶段,儿童的思维是以具体形象性占优势的,抽象概括能力较差。因此,在幼儿园中我们必须以游戏活动的方式,通过各种生动形象的材料引导幼儿动手操作,发展他们的具体形象思维能力。其次,在某一阶段内,认知能力的变化不仅主要是量的增加,而且也有新质的积累。即新的较高阶段的认知能力在较低的阶段已经在孕育和发展着,这些稚嫩的能力表现出不稳定、脆弱、易受干扰的特点。例如,心理学研究发现,幼儿对一些简单的、生活经验熟悉的问题也能表现出一定的抽象逻辑思维能力。因此,开发幼儿智能的重要目标就是要紧密联系幼儿的生活经验,提供一些简单的、容易为幼儿理解的游戏作业任务,提高幼儿的分析概括能力,让幼儿品尝"发现"的乐趣,促使他们的认知水平向更高阶段发展。

二、研究幼儿认知发展的目标

幼儿是指童年早期(3岁至6岁或7岁)的儿童,这是身心迅速发育的时期,由于机体和动作能力的发展,不像学步儿那样更多需要成人的照顾,而是获得了更大的独立活动能力。发展心理学家通常把幼儿描述为朝气蓬勃、充满活力、不知疲倦地向周围环境探索的小小"科学家",他们对各种事物十分好奇,勇于尝试和创新。通过有机体和环境中各种事物的相互作用,通过与同伴、与成人的交往,幼儿的认知能力有长足的进步,这种进步是有次序地发生的。研究幼儿认知发展的目标就是探查幼儿认知发展的特点和规律性。具体说来,主要有两个。

第一,要了解幼儿随年龄的增长而发生的认知机能的普遍性变化,即发生在所有儿童身上的变化,而不管他们生长在什么样的文化环境。如全世界的幼儿,不管他们使用什么语言,他们学习认数和计数首先要学会唱数,即要口头熟记一个自然数列数字表:"1,2,3,4,……"然后应用这个数字表去点数实物,如学习手口一致地点数手指头:"1个指头、2个指头、3个指头……"最后说出点数的物体的总数,如"5个指头"等。心理学家试图首先描述这些变化,如上述例子中幼儿计数活动发展的过程,不同年龄幼儿理解和掌握数概念可能达到的水平。这一描述性的研究结果通常可用一条上升的发展曲线表示出来;然后去解释为什么会产生这种变化,即通过进一步研究,深入探查什么样的神经模式和环境经验影响这些变化。这方面的研究成果能帮助人们认识与年龄的增长相对应的一般儿童的心理发展水平,也就是通常人们所称的"年龄特征"或"发展常模",这可用于诊断幼儿的认知或智力的发展是否正常。

第二,了解和解释发展的个别差异。幼儿认知发展水平的差异不仅表现在不同年龄的儿童身上,如3岁幼儿计数离不开实物,而6岁幼儿已能做简单的数字加减计算,而且表现在同一年龄的不同个体上。如有些幼儿言语表达能力很强,掌握词汇很丰富,而一些同龄幼儿对言语的理解和表达能力较差。又如有的幼儿对汉字很感兴趣,上大班时已认识几百个甚至上千个汉字,而他同班的小伙伴则认识不了几个字。对数的认知能力发展也存在很大的个别差异:有的幼儿很快学会认数、计数,而有的幼儿学习认数、计数很吃力。有时同一年龄幼儿的个别差异甚至大于年龄差异。为什么会产生这么大的个体之间的差异呢?这既受基因遗传素质的影响,而环境因素如家庭文化教育背景、父母教养方式、幼儿园的教育质量、幼儿生活的社区经济文化发达的程度等是尤为重要的影响力量。心理学家力图查明遗传和环境如何相互作用,影响某一现实的个体在某种认知能力上的发展,为幼儿的发展提供具体、切实和有针对性的帮助。

幼儿认知发展的研究属心理学的基础理论研究和应用研究的交叉,无论对发展的普遍性变化研究或个别差异研究,其最终目标是服务于教育儿童的实践,为促进幼儿认知水平的提高提供基本原理、基本方法和基本技术的指导。

三、认知发展与早期智能开发

(一)早期开发儿童智能的意义

早期开发儿童的智能也就是早期开发儿童的认知能力。这是 20 世纪 70 年代以来发展心理学家致力研究的目标。婴幼儿是整个身体和神经系统发育最迅速的时期,可塑性很大,如何在婴幼儿期开发人的全脑功能,以提高人类的整体素质是当今科学研究的重要命题。心理学研究发现,婴幼儿具有很大的认知能力,但人们过去却认为新生儿完全没有能力,像一块"白板",可以任意涂抹,幼儿的智能也是"非常非常低"的。近年来,由于研究方法和技术的创新,心理学家发现新生儿和幼儿的能力比原来所认为的要大得多。因此,只要训练的方法合理得当,就能促进婴幼儿智力的发展。早期教育,包括智能开发和人格训练,对人的毕生发展具有重要意义。

早期开发儿童智能对加速人才培养、提高民族素质具有重要意义。实现社会主义现代化,科技是关键,教育是基础。我们要按照教育部实施"跨世纪素质教育工程"的要求,实施素质教育,要从婴、幼儿阶段抓起,要用科学的方法启迪和开发幼儿的智力,培养幼儿健康的体质、良好的生活习惯、活泼开朗的性格与求知的欲望,使幼儿健康地成长。

(二)教育训练对儿童认知能力发展的促进

首先,在指导思想上要明确,教育既要符合儿童认知发展的水平和特点,又要在发展的前面,引导发展。不同年龄阶段儿童心理发展的水平和特点是不同的。如幼儿期儿童的思维是以具体形象性占优势,各种心理过程的有意性(如有意注意、有意记忆等)还没充分发展起来,对行为的自我调节、自我控制能力也较差。但也要看到,幼儿阶段正孕育、形成和发展着更高阶段所具有的认知能力,即幼儿具有抽象、逻辑思维的潜在可能性。因而对幼儿的教育训练既要注重直观形象性、生动趣味性(这才易于为幼儿所接受),同时要引导幼儿通过对具体事例的观察、分析、思考,提高幼儿的抽象、概括能力。教育怎样引导发展呢?就是向幼儿提出难度适中的任务。须知,任务太容易,无助于发展,而任务太难,则引不起幼儿学习的兴趣,虽经幼儿的努力也不容易达到。如让幼儿经常品尝"失败"的苦果,幼儿就会视学习如苦役,并对自己的能力失去信心。所谓难度适中,就是指任务有一定的难度,但通过自己的努力或在成人的帮助下就能达到。难度是否适中,则因年龄、因人而异,这就要求教师能了解幼儿,做到因材施教。

其次,认知训练的内容、教材的结构,既要重视客体的知识结构的逻辑次序,也要切合儿童认知发展的规律,使儿童能主动建构知识。教材的设计应循序渐进,使知识的传授、能力的训练一个阶段比一个阶段提高、深化,表现出由浅入深、由简及繁的逻辑次序。儿童对各种概念的掌握是不同步的,教材应区分难易,安排先后的学习次序。

再次,训练方法要得当。按照皮亚杰学派的观点,对客观事物的认知是通过认知主体和客观事物相互作用的过程中实现的,因此教师要引导幼儿积极参加活动、实践,特别是让幼儿动手操作,以促进智能的发展。游戏是幼儿的主要活动,应在游戏中使幼儿了解各种客观事物的性质、特点及其相互关系,主动地发现和掌握新知识。

(三)认知和知识的关系

在对幼儿进行认知能力的训练中,既要传授知识,又要发展智能,知识和认知究竟是什么关系呢?可以说,两者存在着一种互为因果的关系,即知识通过认知活动而获得,而知识一经获得,又可以用于以后的认知活动中,使以后的认知活动进行得更加顺利。一方面,知识是能力发展的基础,幼儿是在掌握知识的过程中发展其认知能力的,因此,我们一点也不能忽视对幼儿的知识传授,相反,要通过各种生动活泼的形式丰富和扩大幼儿的知识面,这对促进幼儿智能的发展是大有裨益的;另一方面,认知能力的高低制约着幼儿掌握知识的质量和效率。我们不能认为在教育训练中只要传授知识就是发展幼儿的认知能力。因为传授知识和发展智能毕竟是两回事,它们相互联系并互为因果,却不能以前者代替后者或者认为前者自然会导致后者。例如有两个 3~4 岁的幼儿,他们都懂得通过上下两项"一一对应"的方法可以判断两组物品是否一样多,也就是都掌握了判断"相等"的知识,但当要求他们判断两堆扣子孰多、孰少的问题时,却显示了认知水平的差异:一个只凭目光观察,哪一堆大些就是哪一堆多;而另一个则懂得用"结对子"的方法,即从两堆扣子中同时各取一个结成对子,对子取尽后,看哪堆剩下扣子就是哪堆多。两者比较,后者懂得把学到的知识运用于新情境,显示了较高的智力水平,这是对后者进行认知训练的结果。广而言之,儿童掌握特定的知识所经历的过程、对所掌握的知识的概括和深入程度、对同一知识的应用范围和方式等显示了认知水平上的差异。要通过教育训练的方法提高儿童的认知或智能水平。

四、重视智力因素和非智力因素的协调发展

人的心理发展是一个互相联系的统一的整体。现在学校强调进行素质教育,心理素质是人的素质的重要组成部分。心理素质既包括智力因素,也包括各种非智力因素,如动机、兴趣、意志、性格、情绪等。这些非智力因素对智能的发展关系极大。研究材料表明,幼儿的

学习兴趣、坚持性、自控能力、自信心、独立性等往往影响儿童智能的发展。同时，正常的智力是健康人格发展的必要条件。智力高的儿童做事容易成功，往往得到更多的社会赞许和认可，这使他们更为自信，并保持有较高的成就动机，从而有利于发展各种积极、健康的情绪、意志和性格特征。我国超常儿童的研究也表明，超常儿童不仅在智能上有突出的表现，并且也具有优良的个性品质，如旺盛的求知欲、坚毅、专注、自信等。可见儿童的智能发展与动机、个性等非智力方面的发展是互相联系、互相促进的，我们要通过开发幼儿智能的训练，带动儿童个性、社会性的发展，促使幼儿整体心理素质水平的全面提高。

五、努力提高幼儿教师的素质

儿童的心理发展包括认知发展是通过遗传因素和环境因素相互作用的过程实现的。遗传因素如有机体天生具有的某些解剖和生理特性（主要是神经系统、脑的特性、感官和运动器官的特性等）为心理发展提供了物质前提，提供了发展的可能性，而这种可能性变为现实性是通过环境的作用实现的。教育是一种有组织的环境，教育在发展中起主导作用。但教育能否发挥主导作用以及这种作用发挥的大小程度如何，则取决于教师的素质水平。教师的素质包括基础素质和专业素质。基础素质指作为生活在现代中国社会的中国公民应具有的科学文化素质、思想道德素质，身体心理素质和劳动纪律素质。专业素质是指热爱教育事业、热爱孩子以及作为一个合格的教师应具备的专业知识和技能。对我们来说，开发幼儿智能是一个崭新课题，需要科研工作者和工作在教育第一线的广大教师、教育管理干部相结合，才能为幼儿教育改革闯出一条新路。我们相信，通过这一训练方案在幼儿园中的试验实施，将能带动幼儿教师业务能力和科研能力的提高，从而推进幼儿素质教育造福于我们的下一代。

第二节 幼儿认知发展的研究方法

幼儿认知发展的研究方法跟发展心理学的一般研究方法基本上是相同的，但由于其研究的对象是幼儿，因此在研究设计、方法的实施上要更多地考虑幼儿的特点，使研究结果更真实、可靠。

一、认知发展研究的原则

（一）客观性原则

客观性是任何科学研究必须遵循的一个基本原则。所谓客观性，就是按现实的本来面目去反映现实。在心理学研究中遵循客观性原则尤其重要,这是因为,心理学要研究的是发生在人们头脑内部的心理活动,在许多情况下,所得到的材料不仅容易渗入研究者的主观成分,也容易渗入受试者的主观成分,从而使研究结果受到污染,不能真实地反映事物的本来面目。总之,在一个研究的全过程中,只有坚持客观性原则,研究者才能有把握地说,所得的研究结果是科学、可靠的。而要坚持客观性原则,首先取决于研究者的职业道德,其次取决于研究者的经验和水平,这样才能避免对这一原则有意或无意的违反。

(二)教育性原则

教育性原则是幼儿认知发展研究中必须遵循的另一重要原则。幼儿期是身心迅速成长的时期,是受教育的时期,对幼儿的研究应该有利于幼儿身心的健康发展,应该考虑对幼儿的教育。实验、测查等应能引起幼儿的兴趣,每次实施的时间也不要过长,更不允许采取任何不符合道德、妨碍幼儿身心成长的措施。

幼儿认知发展的研究方法可以从不同的角度和层次进行分类,但它们的基本要求都是相同的。在一个具体的研究中,究竟要采用何种方法或哪几种方法的结合则要服从研究目的,视研究的内容和具体条件而定。

二、一般的研究方法

人的任何心理活动都有可以观察到的行为表现或通过自我报告表述出来,因此,观察法和自我报告法是两种最基本的研究方法。近年来,发展心理学重视用历史的观点、多维的角度研究儿童的发展,个案法日益盛行。

(一)观察法

观察是对客观事物的一种有目的、有系统的持久知觉过程。观察依其对观察的现象是否加以控制而分为自然观察和控制观察。

1. 自然观察

这是指对儿童不加以任何控制,研究者直接到自然环境或现场中去观察感兴趣的行为。观察要取得成效,事前就要确定观察的项目,即要观察什么。目标越明确越具体越好。如有研究者要观察幼儿的攻击行为,那就要首先确定什么是攻击行为,除了身体接触欺侮别人外,口头辱骂别人算不算攻击行为等;另外,要安排好观察的时间。要认识一种现象,了解一个人的真实行为,不能只看一时一事的表现,而要进行系统的观察。如确定一周要去幼儿园观察几次,每次什么时候去观察(如观察幼儿在自由游戏活动时的表现)以及观察的时间长度。这涉及到对观察的时间、目标的取样问题。再者,要选择合适的观察方法,包括制订所观察项目的编码,以利于记录。如攻击行为中无端打人编码为"1",抢别人的玩具编码为

"2",说脏话、骂别人编码为"3"等,通过观察,统计每种行为发生的频率。最后,观察时最好有两个人同时进行,以便相互校正,保证观察结果的可靠性。

由于这种观察是在自然、真实的环境中进行的,并且对儿童的行为也不加以任何控制,如果观察是按科学的要求实施,观察的结果能较真实地反映儿童在日常生活中的行为表现。但运用这种观察方法进行研究,研究者显得十分被动,要耐心等待所要观察的行为发生,因而既费时又费力。此外,由于取样的时间、地点等的局限性,不是每个个体都有同等的机会展示所要观察的特定行为。目标行为发生的频率带有很大的情境性和偶然性。发展心理学中应用得最早的婴幼儿日记法或传记法实际上是一种非正规的自然观察法。研究者(通常是父母)逐日或逐周地把观察到的儿童行为表现,也就是自己感兴趣的项目,如动作的发展、情绪表现、对语言的理解、表达等记录下来,以考察儿童某种心理现象的发展过程。这是一种对心理发展的纵向研究。

2.控制观察法(或称结构性观察)

这是一种在实验的条件下对被试行为的有控制的观察。与自然观察法不同,实验者要通过实验设计主动设置某种实验情境,控制行为发生的条件,使每个被试都有同等的机会展示自己的行为。控制观察通常在实验室或观察室进行。观察室是一种专门用于儿童心理发展研究的设施,它有较宽敞的儿童活动场地,室内布置得跟儿童熟悉的幼儿园教室相似。为了避免观察者对受试儿童的干扰,观察室通常用单向玻璃分隔成两间:主试观察室和儿童活动室。透过单向玻璃,观察者可以清楚地看见儿童的活动,而儿童却看不见观察者。观察室通常配备有录像仪,以记录儿童的行为表现。当把儿童领入观察室时,应该让儿童对观察室有一个熟悉的过程,然后才能开始对行为的观察。最理想的办法是把幼儿园或托儿所儿童日常活动的场所如教室,布置成为观察室,在一旁设置观察者工作的地方。这时,观察室观察和自然观察的优点可兼得。运用控制观察法,研究者能主动控制要观察的行为的发生,因而效率较高,但跟自然环境相比,不可避免地带有很大的人为性。

(二)自我报告法

自我报告是指被试按主试的要求将自己对某一问题的认识或对某些事物的态度、观点、信仰等用语言的形式表述出来。属于口头语言表述的有谈话法和皮亚杰的临床法;属于书面语言表述的有问卷和测验等。

1.谈话法和临床法

谈话法是一种非结构性的访谈法。研究者通过向儿童提问或与他交谈以了解他心理的一种方法。临床法是皮亚杰首创的应用于儿童心理研究的一种方法。临床法是从医学上借用来的一个名词。在医学上,临床法是通过医生和病人面对面的接触谈话、问诊了解病人的病史、症状等发病情况,使医生能对疾病作出正确的诊断。而在儿童心理研究中,临床法则是一种研究技术,它通过提问的方式为儿童创造一种特别设计的问题情境,以灵活地探查儿童的思维倾向。它不同于测验法,测验法是用一种标准化的问题问所有的被试,连提问的形式也不准做稍许变动;它也不同于自由交谈,自由交谈是一种随意、即兴的,没有固定主题的谈话。在应用临床法时,事先要确定一个谈话主题,主试依据这一主题向儿童提出问题,在儿童做出回答后,主试又立即提出进一步的问题要求儿童回答,以了解儿童未能表达清楚的实际心理活动,或探查他们能进一步达到的心理活动水平,或要求儿童对自己的解答做出解释等。如此进行下去,直到研究者对谈话的结果感到满意为止。以下是皮亚杰应用临床法的一个个案记录,主试探查的问题是"云彩为什么会动"。

问:你看见云彩在走吗?为什么它会走?

答:我们走的时候,它们也跟着走了。

问:你能使它们走吗?

答:每个人都可以,当人走的时候,它也走。

问:当我走着,你站着不动,云彩也在走吗?

答:是的。

问:在晚上,每个人都睡觉了,云彩还在走吗?

答:是的。

问:但是,刚才你对我说,当有人走路的时候,云彩才走的。

答:它们总是在走的,当猫在走的时候,还有狗,它们使得云彩也跟着走。

第一阶段后,通过二、三、四三个中间发展阶段,儿童的解释越来越接近客观事件的真实因果性联系。最后,到第五阶段(约9岁),儿童达到了以惯性为基础的力学因果性的解释。以下是一个第五阶段的个案记录。

问:为什么云彩有时走得快,有时走得慢?

答:因为风,风吹它们走的。

问:风从哪里来的呢?

答:天空里来的。

问:风是怎样造出来的呢?

答:不知道。

问:云彩能把风造出来吗?

答:不能。

问:云彩动的时候能造出风来吗?

答:不能。

问:当没风的时候,云彩还能自己动吗?

答:不能。

从以上的例子可以看到,应用临床法时,研究者必须具有高度的机敏,要对儿童的回答立即作出判断,并作出如何进一步探查的决定。这就要求研究者善于提出假设,推测隐藏在儿童答案后的思想观点、思维方式,分辨儿童答案的真伪,然后通过提问来证实或否定自己原先的假设。

人们经常对皮亚杰的研究发现提出的一个质疑是,认为皮亚杰在应用临床法时对儿童提出的问题太难,如问"天上的云彩为什么会动""梦是哪里来的"等,这已大大超越了幼儿知识经验所及。但事实上,皮亚杰向幼儿提出的问题不是主观任意编造的,所提问题的内容、形式都是同年龄或更年幼的儿童在实际生活中自发地问过成人的。皮亚杰曾经系统地收集过儿童的自然提问,为了探究儿童对这些问题的看法,皮亚杰把这些问题归类整理,反过来又询问儿童。应用临床法询问儿童,其目的不在于探查儿童在想些什么,即具体的答案内容,而是探查引导他们作出这些答案的观点是什么,以及这些观点是如何产生和发展变化的,儿童思维的自发态度按什么方向引导他们作出这种回答的等。例如,有关自然事物的起源的问题的回答中,每一个儿童的具体答案可能不同,但共同的人为性观点总是在引导着幼儿做出这些回答。随着儿童的长大,才逐渐让位于对自然界本身的因果规律的解释。

总之,皮亚杰学派独创的临床访谈法是他们长期研究实践总结出来的一种科学方法。应用这一方法,包括研究主题及问题的搜集设计、提问的技术(包括提问的方式,用语的选择,善于提出假设,通过提问验证假设等)以及对收集到的资料的诊断、分析和做出评价等环节。正是由于皮亚杰学派应用这一方法广泛地研究了儿童认知发展的各个方面,极大地丰富了人们关于这一领域的知识。

临床法本身也是不断完善和发展的。皮亚杰的后期研究中,更多地把它跟实物演示、儿童的预测、判断及实际操作等方法结合起来运用。今天,它已发展成为将观察、谈话、实验等方法相结合的一套研究技术,通过不同途径获得的行为指标的互相印证,便能对儿童的有关认知发展过程作出客观、真实的说明。

2. 结构性的访谈法

谈话法和临床法是一种通过口头方式进行的非结构访谈法,而结构性访谈是指要求被试在问卷、测验等自陈工具中用书面的方式对相同的问题做出回答。

(1)问卷。问卷是相当流行的一种研究方法。研究人员依据一定的理论假设和研究主题编制出各种问题,要求被试逐一做出回答。由于幼儿年龄小,还不具备阅读能力,问卷便无法施行。在幼儿认知发展研究中,研究人员往往制订家长问卷或教师问卷,探查家庭环境因素或幼儿园教育因素对其发展的影响。问卷编出来以后,通常要在小范围内试用,以检验其信度和效度,如结果较为满意,便可正式实施。由此可见,一个严肃的研究者常要在按照规范手续设计和制订问卷方面下很大的工夫,以使材料尽可能可靠。

(2)测验。研究人员经常用各种标准化的工具来测量儿童的智能发展,如国际社会上流行的斯坦福－比奈量表和韦克斯勒量表。

(三)个案法

个案法是指通过调查、访谈、观察和测查测验等方法获得单个被试心理功能的完整资料的方法。运用个案法通常要建立心理档案,收集被试的心理发展资料(如智商、气质、人格特点等)和背景资料(如家庭结构、父母经济收入、文化教育水平等,以及个人的经历如有没有进过托儿所、幼儿园等),并对个体进行跟踪研究,在心理档案中不断积累新的资料。个案法最初是为心理分析理论家倡导的一种研究方法。这一派理论家主张各种心理疾患(如各种神经症)的产生有其历史根源,他们特别强调了解个体早期经验特别是亲子交往经验的重要性。通过个案法,研究人员试图了解个体心理发展的历史和现状,获得个体各种心理功能的完整图景,并试图解释产生这一图案的背后原因,从而对个体的心理发展的前景做出某种预测。

(四)其它的研究方法

其它研究方法中最常用的有调查和作品分析。如了解幼儿的社会行为或智力行为表现,研究者可以分别访问幼儿的父母或教师,也可召集有关各类人员开调查会,或对幼儿的作业作品如手工、图画或其它产品进行分析。特别是幼儿的绘画反映了儿童正在发展的符号表征能力,是了解幼儿心理的窗户,幼儿绘画成了专门研究幼儿认知发展的一个重要领域。无论调查还是作品分析,都属于"间接观察"儿童的心理活动,所得的材料应和直接观察获得的材料互相印证,才能保证结果的可靠性。

以上分别介绍了儿童认知发展研究收集数据资料的各种方法,这些方法都有它的长处和不足之处,研究者应根据具体的研究任务,灵活地将各种方法结合起来运用,才能收集到所需要的可靠的资料。

三、一般的研究设计

心理学研究的一般设计,如相关设计和实验设计,也适用于儿童认知发展的研究,以下分述这两种基本的研究设计。

(一)相关设计

在统计上,相关是指两种因素在相互关系上的测量,如一个儿童智力测验测得的智商分数较高,能否预测他的学校成绩有多高。如果两者呈一致性的变化方向,即智商高,学习成绩也高,两者的关系是正相关;如两者变化的方向相反,即智商高,学习成绩差,两者的关系是负相关;如两者变化没有一致性的关系,这是零相关,心理学中的相关设计是统计学的相关技术在研究工作中的应用。如为了研究智商和学业成绩的关系,研究者可分别收集一组儿童有关智商和学业成绩的信息,然后做统计处理,从而得出有关的结果。可见,相关设计的特征是研究者在受试群体中收集已存在的有关信息,以考察这些信息之间相互变化的关系,而不采取任何方式改变受试者的经验。它的突出优点是能不受干扰地考察现实世界中存在的重要变量,因而常用于现场或自然环境中的研究。

应用相关设计重要的是如何解释所得的研究结果。如上例的研究结果是智商跟学业成绩呈正相关,相关系数说明了这种一致性变化的程度,研究者可依据儿童的智商对其学业成绩做出一定的预测,但不能确定两者的因果关系,即不能有把握地说智商是影响学业成就高低的原因。这里存在着三种可能的解释:一是智商高的学生,学习能力也强,更容易理解和掌握所学的知识,因而学业成绩也高;二是反过来也有可能,即学业成绩好的学生,学习成功的机会也较多,这是一种正强化,促使他更努力学习,认知能力也跟着提高,从而智商更高;三是两者是由第三种因素引起的,如儿童有浓厚的学习兴趣和强烈的求知欲,对学习活动投入的时间较多,这有助于提高他的智商及学业成绩。

要确定两种因素之间是否存在因果关系,需通过实验研究才能证实。

(二)实验设计

实验设计是研究者系统地改变一个条件或变量(自变量),以观察所引起的被试心理活动的变化(因变量),同时,要使所有其它可能引起因变量变化的条件或因素(无关变量)都保持不变。也就是说,实验设计要解决两个问题:一是安排什么情景和如何安排这些情景以引起要观察的行为(或称行为指标)产生;二是如何控制自变量以外的其它可能变量对因变量产生的影响,也就是如何尽可能降低实验的"噪音",使获得的实验结果能准确说明自变量和因变量之间的因果联系。

实验设计通常要设立实验组和对比组(或控制组),两组的条件尽可能相等,对实验组给予某种实验条件的变化,而对控制组则不给予条件的变化,以观察比较两组产生的差异。如果只有一个小组或单个被试,可以采用前后比较的方法进行实验,即在实验之前,测查被试的行为,确定其行为指标的基线,然后施加实验条件的变化,实验后,再重复测查有关行为,与基线做比较,观察两者的差异。

实验设计分实验室实验设计和现场或自然实验设计,两者依据的原理是相同的。但前者控制的条件更加严密,通常在配备有专门仪器的实验室或儿童观察室中进行。而后者则在日常生活的环境中进行。两者各有优缺点。实验室的实验设计可举幼儿的学习能力的研究为例。习惯化和去习惯化是近年来研究幼儿学习能力的一项新技术。这一技术基于一个人所共知的简单原理,即人倾向于注意周围环境发生的新变化,而对习惯了的事物则不去注意。如熟悉的房间中一件家具换了一种摆法,或墙上少了一幅常见的画都会引起主人的注意,即主人察觉了两者的差异。这符合认知的"经济原则",即人只把有限的精力或心理资源投放到人最有意义的地方——应付环境发生的变化。这一原理应用到幼儿的研究中,习惯化是指由于刺激的重复出现,儿童有机体就逐渐减少了对它反应的强度,也就是不再引起他的注意,这表现为注视时间减少,心率降低,呼吸变缓或吮吸奶嘴的频率的变化等。习惯化发生时,一旦一种新刺激出现,又使有机体的反应恢复到一个较高的水平,这称去习惯化。心理学家通过对不同年龄幼儿能对哪些事物产生习惯化和去习惯化的研究来探查幼儿的认知能力,这些研究通常是在实验室中进行的。在一个实验设计中,让幼儿吮吸或诱导他吮吸,记录下他有节奏的反应。如在幼儿吮吸时,给他一个512周/秒的纯音刺激,幼儿就停止吮吸。而当声音停止时,他又开始吮吸。用同一纯音给予第二次刺激,幼儿又会停止吮吸,如此重复四五次,以后,如再给予512周/秒的纯音刺激,他就会不中断地继续吮吸。这表明,他对这一声音刺激已经习惯化了。可是,如果此时给幼儿提供一个新的纯音刺激,如1024周/秒的纯音,幼儿仍继续吮吸,这可以认为他不能辨别这两种刺激,如他停止了吮吸,也就是出现了去习惯化,这就说明了他能分辨这两种刺激。通过习惯化和去习惯的研究,发现了幼儿大量的新能力,刷新了对幼儿的认识。过去人们认为幼儿生下后软弱无能,任由成人摆布,现在则认识到幼儿是一个积极主动认识世界的有机体,被称之为"有本事的幼儿"。由此看来,实验室的实验设计变量控制得比较严密,实验条件比较稳定,因此能得出比较有价值的资料,但实验室实验也有局限性。首先,实验情景的人为性,在一定程度上脱离了常态,儿童在实验室中的表现与在日常生活中的表现可能存在着一定的距离,这影响了所得结果的效度;其次,对一些高级心理机能发展的研究,如情感的发展、意志的发展的研究就不容易通过严格控制变量的实验设计进行。

　　现场实验设计是在日常生活或在教育教学条件中进行的。除了研究者有意操纵自变量的条件以外,被试保持或接近日常生活状态,因此,尽管实验条件没有在实验室中控制得那么严密,但所得研究结果比较符合客观实际。这一实验设计在儿童教育实践中得到广泛的应用。如要证明某种教材或教法能促进儿童认知发展,研究人员可以采用等组法设置实验班和对比班,在实验班中应用新教材或新教法,而在对比班则按正常的教学程序进行,到了预定的阶段,再通过测查或测验,对比两者认知发展水平的差异。发展心理学家关心的是在时间维度上心理活动的发展变化过程,如某种心理机能随年龄的增长发生了哪些变化,这种变化具有什么样的特点,是否存在着发展的加速期,引起变化的条件是什么,早期经验如何影响后期的发展等,因此,要进行发展的研究设计,研究不同年龄的儿童。

四、心理发展的研究设计

在发展心理的研究中,年龄是最重要的自变量。发展心理学家要研究儿童随年龄增长心理活动的变化。这有两种主要的研究设计,即纵向研究和横断研究,此外还有改进了的发展研究设计,如纵向、横断结合的研究设计。以下分述这几种研究设计。

(一)纵向研究设计

这是指研究者每隔一定时间就去考查同一些被试个体,以得到他们心理发展变化的连续性资料。这是一种具有真正意义的发展研究。对个体追踪的时间需要多长,视研究的目的而定,如研究早期经验(如早期识字)对个体以后发展的影响,一般要追踪到入学以后。追踪研究一般至少要有三个连续的时间上的考查点。各次考查的时间间隔以多长为宜,则视被试的年龄而定。被试的年龄越小,时间间隔应越短。因为在儿童可观察到的变化方面,新生儿以日计、幼儿以星期、月计,而幼儿则以半年或一年计。如时间间隔过短,儿童变化不明显,徒然浪费大量的人力、物力;如间隔过长,则遗漏了发展过程中的重要变化,使研究者看不清发展的完整轨迹。应用纵向设计的优点是由于这种研究设计获取的是同一组个体心理连续发展的资料,因此不仅能使研究者查明这一群体共同的发展模式,而且能进一步考查发展的个别差异以及这种差异的稳定性。如对某幼儿园同一年龄班级的幼儿进行智能测查,发现存在着较大的个体差异。研究者把平均分以上和平均分以下的幼儿分别定义为能力高组和能力低组,假如入学后这些幼儿在同一学校的教学班中上学,他们的智能发展怎样?这存在着三种可能性:一是高组和低组儿童仍然稳定地保持着相等的差距;二是随年龄增长,发展的曲线呈越来越大的剪刀差,即高、低组的差距日益增大;三是两组的发展曲线呈合拢趋势,到一定年龄,两者的差距不再存在。通过这种纵向研究,能考查早期经验对个体以后发展的影响程度,以及教育对智能较低和智能较高的儿童是否起着相同作用。因此,应用纵向设计能较准确地查明发展的早期事件与后期事件如何影响心理发展的因果关系。然而,纵向研究也存在一定的局限性。首先,研究人员要花费更多的人力、物力,特别是要消耗更多的时间,如果追踪的时间过长,被试容易丢失,从而影响样本的代表性。因此追踪研究开始的阶段,应相应地扩大样本,让更多的被试参加到研究中来。其次,重复对同一被试做考查研究,被试会感到厌倦,有些被试变成"测验通",从而影响研究结果的信度;再次,对幼进行的追踪研究,如终止于入学前,持续的时间也就较短;如某项研究开始于幼儿阶段,而持续的时间以年代计算,就可能出现"同层人效应"。所谓"同层人效应"是指出生于不同年代的群体,由于受不同年代的社会生活经验的影响,对事物可能具有不同的态度、观点、信仰和价值观,甚至影响到心理发展的水平也可能不同。因此,由于"同层人效应",对某一群体追踪研究的发现,对出生于别的年代的群体也就未必适用。因此,即使是经过周密设计的纵向研究,也要防止研究结论的扩大化。

(二)横断研究设计

这是指研究者在大约相同时间里考查不同年龄的多组被试,然后将所得的研究结果在时间的维度上综合整理,以描绘有关心理行为随年龄而发生的变化。如为了考查幼儿自由分类能力的发展,研究者可以分别选取3、4、五六岁的幼儿为被试样本,然后在大约相同的时间内,让他们完成相同的自由分类作业任务,比较所得的作业成绩差异,能显示幼儿有关认知能力的发展。横断设计的突出优点是比较省时省力,效率较高。但它也存在一定的局限性。首先,它获得的不是同一个体或群体心理发展的连续资料,而往往以一个平均数来代表某一年龄的认知发展水平,这样的结果只能代表一个实际不存在的理想的"认知主体"的发展。也就是说,横断设计的研究结果只能说明一般的随年龄而变化的心理发展趋势,而不能说明发展的个别差异,更难以说明影响发展的各种有关事件间的因果关系。其次,其结果也可能包含不属于心理发展的不同年龄组之间的差异,如上文提到的"同层人效应",从而影响结果的可靠性。

(三)改进的发展研究设计

纵向设计和横断设计各有所长和不足之处,为了弥补其不足及取其所长,发展心理学家对这两种设计进行了改进,发展了各种新的研究设计,如其中一种称之为纵向、横断结合的研究设计。该研究的目的是考查7岁至15岁学龄儿童的认知发展。测查的年龄分别是7岁、9岁、12岁和15岁。1990年分别测查了该4个年龄组的不同被试群体,这属于横断设计;然后对其中的7岁组和9岁组进行了跟踪研究,7岁组跟踪到12岁,而9岁组跟踪到15岁。这样,原本从7岁到15岁的跟踪研究需进行9年,现缩短为7年。两次考查的时间间隔也不固定为一年,而选取变化较明显的4个年龄段。纵向研究中每个被试也只重复测查三次,这不仅大大减轻了研究者人力、物力和时间的消耗,也减轻了被试的负担。

如上文所述,无论纵向研究还是横断研究,都涉及到"同层人效应"问题,如何通过研究设计以考查"同层人效应",使它和心理发展的年龄变量分离开来,这是研究者关心的问题。国外一项以考查埃里克逊(Erik H. Erikson)的社会心理发展理论为目标的年龄跨度很大的发展研究采用的也是一种改进了的纵向、横断相结合的研究设计。

认知是儿童心理发展的一个重要方面。按认知的对象或内容分,它包括对自然事物的认知和社会认知;从认知过程分,它包括感知、表象和概念三种基本认知过程或成分。认知发展表现为各种心理机能的发展,其中有感觉、知觉、注意、思维、意识、智能、想象、问题解决等方面的发展,也包括学习、记忆、语言的发展。认知发展也表现为领域知识的发展,如儿童对数、时间、空间、因果关系等的认知发展。近年来,发展心理学家还把认知发展理解为信息加工能力的发展、"理论"的发展等。

认知发展既是一个连续的过程,又可划分为不同的发展阶段,是阶段性和连续性的统一。幼儿期或童年早期是儿童认知发展的一个重要阶段。研究幼儿认知发展有两个重要目标,一是探查幼儿认知随年龄而增长的普遍性变化,二是探查发展中的个别差异。其根本目的是为促进儿童的认知发展,为指导幼儿教育实践提供理论方法和手段。

早期开发幼儿智能是时代的要求,不仅有必要性而且有现实的可能性。开发智能要符合儿童认知发展的水平和特点,要因材施教,要重视智力因素和非智力因素的协调发展。教师要提高自身素质,充分发挥教育对认知发展的主导作用。

对幼儿认知发展的研究,遵循客观性原则有其特殊的重要性。观察法(包括自然观察和控制观察)、自我报告法(包括谈话法和临床法及结构性的书面访谈如问卷、测验等)和个案法是基本研究方法,此外还有调查法和作品分析法等。相关设计和实验设计是最基本的研究设计,专门用于发展的研究设计有纵向设计和横断设计,以及经改进的纵向、横断相结合的研究设计。

第三节 幼儿游戏的特点和教育作用

游戏是幼儿的玩耍活动,幼儿最喜爱。观察幼儿的生活,可以发现,他们的大部分时间都在玩各种各样的游戏,而且兴趣极高,甚至迷恋。可以说,幼儿是生活在游戏之中。

一、幼儿游戏的特点

(一)幼儿游戏是一种有目的、有意识地反映现实生活的活动

对于游戏的实质,人们有各种不同的说法。西方有些教育家认为,游戏是儿童的本能,否认游戏具有社会性。游戏是儿童的一种有目的的活动,是对现实生活的一种特殊反映,具有社会性。幼儿各种游戏的内容,都来自现笋生活。如角色游戏"娃娃家""医院",结构游戏"造新工房"体育游戏"打狼"音乐游戏"老鹰捉小鸡"等,都是现实生活的反映。当然,这种反映不是原原本本地照搬生活,而是幼儿根据他们对生活的理解,按照自己的愿望,将生活内

容进行重新组合,创造性地反映在游戏中。所以,游戏不是儿童的本能,而是幼儿反映现实生活的社会活动。

游戏同社会生活条件有着密切联系。不同的历史时期,社会生活条件不同,幼儿玩的游戏也不同。游戏内容是随着社会发展而变化的。今天,幼儿游戏无论在内容和玩法方面都有极大发展,日趋现代化、科学化。

(二)游戏是一种娱乐活动

游戏与劳动、作业等活动不同,没有社会实用价值,也不是强制性的社会义务,只是幼儿的一种玩耍、娱乐活动。一般来说,游戏时,幼儿不必根据成人规定的任务和操作规程去活动,完全可以不受具体条件、时间等的约束,按自己的意愿去活动。幼儿参加游戏就是为了玩,为了获得愉快和满足。因此,幼儿在游戏中总是非常主动、积极的。

(三)游戏是幼儿的主要活动

游戏符合幼儿身心发展的特点,幼儿最喜爱,是幼儿的主要活动。幼儿所以特别喜爱游戏,有以下一些原因。

1.游戏适合幼儿好动的特点

幼儿已经会独立稳妥地走、跑、跳,能自如地做各种动作,而且对周围事物有强烈的好奇心,因此格外爱"动"。游戏要求幼儿做各种各样的动作,能满足幼儿爱动的愿望。

2.游戏比较切合幼儿的认识特点

幼儿认识事物,具有具体形象性和不随意性。游戏活动有动作、有玩具、有材料、有具体模仿的对象,幼儿容易理解。

3.游戏内容最易引起幼儿的兴趣

一般来说,游戏内容是幼儿对最感兴趣、印象深刻的事物的反映;幼儿对最感兴趣的事物,往往情感真挚、态度积极,干起来情绪愉快、稳定。所以,游戏对幼儿具有很强的吸引力。

二、幼儿游戏的教育作用

游戏是对幼儿进行体、智、德、美全面发展教育的主要手段。

(一)游戏是锻炼幼儿身体,增进幼儿身体健康的有效手段

游戏中,大多表现各种各样的动作。幼儿在游戏中,心情愉快,朝气勃勃,身体各部分可以充分活动,这样就促进了血液循环和呼吸,增强了新陈代谢,锻炼了肌肉、骨骼和感觉器官,也发展了基本动作。

(二)游戏可以巩固和丰富幼儿的知识,是发展幼儿语言和智力的有效手段

在游戏中,幼儿可以运用已获得的知识经验,使之更加巩固。为了发展游戏,幼儿还会

不断提出一些问题，要求了解更多的新知识。例如，在"医院"游戏中，幼儿懂得了医生、护士是怎样分工的。正如高尔基所说，游戏是儿童认识世界的途径。

游戏能够有力地促使幼儿的语言和智力得到发展。在游戏的全部过程中，幼儿都要用语言来交流思想，商讨各种办法，这就促进了语言的发展。在游戏中，幼儿还要根据游戏的情节，不断地考虑用什么玩具，怎么把简陋的材料想象成为某种工具和用具，等等，这样也就发展了思维力和想象力。以游戏作为手段，向幼儿传授知识，发展幼儿的语言和智力，具有生动活泼的特点，十分有效。

（三）游戏是对幼儿进行思想品德教育、培育幼儿优良性格的有效手段

幼儿在游戏中模仿人们对劳动和一切事物的态度，体验着人们的思想感情，能逐步认识社会主义的道德行为准则和风尚，比较深刻地受到教育。例如，"日夜商店"游戏，可以使幼儿懂得全心全意为人民服务的道理，培养幼儿关心别人的好思想、好品德。由于游戏总是集体的，幼儿要相互协商、共同合作，以求实现一致的游戏目标，所以，在这过程中，幼儿会相互亲近，团结友爱。此外，在游戏活动中，幼儿为了达到一定的目的，需要遵守一定的规则，克服一定的困难，进行汉字一定的创造，这样，就逐步培养了自制力和勇敢、创造精神。

（四）游戏是幼儿进行美育的有效手段

丰富多彩的游戏，为幼儿获得美感创造了条件。例如，角色游戏、结构游戏、表演游戏等，可以使幼儿对生活中的美好事物和文艺作品中的美好艺术形象、优美的艺术语言产生兴趣；体育游戏可以使幼儿体验动作的美；结构游戏可以使幼儿体验结构造型的美；音乐游戏、表演游戏等，能提高幼儿对艺术的审美能力。幼儿在游戏活动中，不仅能感受到美，还会学习用各种手段去表达美、创造美。例如，他们会自制生动形象的玩具、道具，设计和布置色彩鲜艳的游戏环境，表演有吸引力的歌舞节目，等等。这些活动均能促使幼儿表达能力和创造美的能力的发展。

游戏由于在促进幼儿体、智、德、美全面发展方面特别有效，因此，它是教师教育幼儿的主要手段。

第四节　幼儿游戏的种类

幼儿游戏按内容与性质，可以分为两大类。一类是创造性游戏，指幼儿按自己意愿自编、自玩的游戏，有主题角色游戏、结构游戏和表演游戏。在这些游戏中，幼儿的创造精神是基础。创造性游戏是幼儿期最主要的游戏形式。另一类是有规则的游戏，又称教学游戏，是指在教学实践中，教师根据教学要求编制的智力游戏、体育游戏或音乐游戏。这些游戏具有

明确的教学任务和按教学纲要规定的内容。为了完成这些任务,要严格按计划进行。

一、角色游戏

角色游戏,是指通过模仿和想象,扮演各种角色,创造性地反映现实生活的游戏。例如,"娃娃家""医院""开公共汽车"等,都是角色游戏。幼儿在游戏中扮演爸爸、妈妈、医生、护士、司机和售票员等角色,反映了家庭生活、医院工作、公交职工的劳动等内容。

(一)角色游戏的特点

1.角色游戏是幼儿可以按自己的意愿进行的活动

角色游戏是幼儿独立自主的活动。他们可以自己确定游戏的主题、情节,分配角色,制订游戏规则,并按自己的生活经验创造性地开展游戏。

2.角色游戏是幼儿的一种创造性想象活动

幼儿在扮演角色时,把自己想象成一个特定的人物,说话、行动,都要执行角色的职责。游戏中,幼儿将玩具也想象成是生活中的某一人物或某一物品。例如,把布娃娃当作自己的孩子,抱它,喂它,同它说话、玩耍。幼儿扮演的角色、使用的玩具,虽然都是假的,但幼儿是将它们当成真的。在幼儿的想象之中,虚构与真实已完全结合起来了。

3.角色游戏的内容主要反映社会生活

为社会、家庭和幼儿周围的环境所制约,在不同的历史时期,角色游戏反映不同阶层孩子的生活。

4.角色游戏具有很大的灵活性

角色游戏的内容丰富多变,范围可大可小,进程可长可短无一定的程序和模式,不追求什么固定的结果。游戏的过程就是幼儿所追求的目标,也是教育者教育幼儿的要求。

(二)角色游戏的教育作用

1.角色游戏能帮助幼儿认识社会

在我们国家,通过角色游戏,幼儿可以了解社会主义社会人们的行为准则,相互之间的关系,为形成良好的道德观打下基础。

2.角色游戏为幼儿提供了广泛交往的机会和道德行为实践的机会

在角色游戏中,幼儿模仿成人,进行广泛的交往,从而可以发展社会交往能力,提高语言水平,形成初步的集体观念和良好的个性品质。

3.角色游戏对发展幼儿的智力,特别是想象力和创造力,具有重大意义

在角色游戏中,幼儿要综合运用自己的知识、经验,想象游戏过程,创造游戏内容,这样智力就被充分动员起来了,并得到锻炼。

4. 角色游戏能促进幼儿身心的健康发展

角色游戏是幼儿园实施全面发展教育的重要手段。在角色游戏中,幼儿情绪愉快,行动积极,能有效地促进身心健康。由于角色游戏带有很大的自发性,因此不是任何角色游戏都具有教育作用的。例如,玩"开后门"等游戏,对幼儿品德的形成就会起消极作用。所以,教师要正确指导幼儿游戏,充分发挥角色游戏的教育作用。

(三)角色游戏的指导

指导角色游戏,应该采用间接指导法。教师对幼儿作业、劳动、日常生活等的指导,是一种直接的指导,即以直接指示的方法交给幼儿任务,并教给幼儿完成任务的方法、步骤。角色游戏是孩子们自己想出来的,孩子们完全可以摆脱成人的约束,按自己的意愿去玩。因此,教师不能抑制幼儿的主动性、积极性和创造性,不能强迫幼儿按照教师的意图开展游戏,只能对幼儿进行间接指导,例如,为游戏创设条件,参加幼儿的游戏,以角色的身份去影响幼儿,发现有不恰当的地方,用建议或评论的方法启发幼儿,将自己的意图自然地转变为幼儿的愿望和动机,等等。

运用间接指导的方法,教师要了解幼儿,尊重幼儿。这项工作难度较大,需要教师具有很大的教育机智,在实践中不断探索。

二、结构游戏

结构游戏,是指运用各种结构玩具或结构材料(泥、纸、竹、胶粒等),进行构造活动的游戏。例如,用积木搭房子、造桥,用插塑玩具做动物。幼儿的结构游戏按技能分,有接插、镶嵌、排列、组合、粘合、穿孔、编织等类。

(一)结构游戏的特点

1. 结构游戏是幼儿的一种创造性活动

结构玩具是一种素材玩具。单独一个结构元件并无意义,只是组成各种物体形象的素材;而当这些素材被组合成某一结构物时,才能反映生活,才有意义。这种反映是一种创造性的反映。例如,孩子们用积木搭出了自己设计的轮船,这充分体现了他们丰富的想象力和创造力,是他们对生活的一种创造性反映。结构玩具作为一种素材玩具,为幼儿的结构活动提供了创造想象的广阔天地。

2. 结构游戏是幼儿的一种操作活动

结构游戏,是运用结构玩具进行构造活动的游戏。结构玩具作为素材,只有在幼儿的实际操作中,即构造活动中,才具有可玩性。例如,积木只有通过拼搭,才能构成一种新的东西;不拼搭,就成了一堆废木材。孩子只有在拼搭活动中才能得到愉快和满足,离开构造活动,也就无所谓结构游戏。所以,结构游戏是一种操作活动。

3. 结构游戏是幼儿的一种造型艺术活动

结构游戏与绘画一样,是一种造型艺术活动,需要构思、掌握艺术造型的简单知识与技能(如造型的对称、平衡、色彩、大小比例、空间位置等)。但是,绘画造型是平面的,而结构造型是立体的。

幼儿的结构造型生动、形象,反映了他们对生活中美的感受、对美的追求和对美的创造。

(二)结构游戏的教育作用

1. 结构游戏能使幼儿的基本动作,特别是手的动作获得协调发展

结构游戏中的操作,为幼儿手、眼、身体各部分器官的活动提供了机会。特别是用手操作,使手指、手腕、手臂肌肉的力度和灵活性得到锻炼,使手的控制力得到加强。这样,眼手协调、手脑并用的结果,会使幼儿的感官变得灵敏、清晰,为他们今后的学习打下良好的基础。

2. 结构游戏能够有力地促进幼儿创造思维的发展

结构游戏是以幼儿丰富的想象和创造思维为基础的,要求幼儿善于对物体进行仔细的观察,掌握物体造型的主要特征,会创造性地构思、选材和运用结构技能等。孩子们在结构活动中,观察力、形象记忆力、想象力,以及设计、构思的能力,都可以得到锻炼。所以,人们常称结构玩具为智力玩具。它在发展幼儿的智力中具有很重要的作用。

3. 结构游戏能丰富幼儿的知识、经验,培养幼儿热爱生活

结构游戏以幼儿的知识、经验为基础,反映幼儿对生活的认识。同时,幼儿通过结构活动也能获得关于结构材料的性质、用途的知识;关于物体结构特征,各部分大小、长短、高矮比例关系和空间方位的知识;简单的数理知识,如重心、平衡、数量等;简单的造型知识,如对称、匀均、色彩等。通过结构活动,还可以使幼儿熟悉、了解我国的名胜古迹、现代化的伟大建筑,等等,从而培养对祖国的热爱。

4. 结构游戏能培养幼儿细心、耐心、坚持克服困难等优良的个性品质

结构活动是件细致的工作。一个结构部件需要几十个元件组合,这对培养幼儿认真、细心、坚持克服困难的品质有很大意义。集体结构活动还能使幼儿学习分工协作、共同完成任务的技能,从而形成初步的集体观念。

(三)结构游戏的指导方法

1. 教幼儿识别物体的结构特征,加深和丰富幼儿对物体造型的印象,为开展结构游戏打好基础

结构游戏与角色游戏不同。它不是反映人与人之间的关系和人们的行为准则,而是反

映物体的造型特征,通过构造物体的各种形态,反映人们的生产劳动。为了开展结构游戏,教师必须经常带领幼儿去观看各种建筑物,分析其结构特点,让幼儿了解其结构材料与结构方法,并体验各种建筑物的造型美及其社会意义。

组织幼儿参观各种建筑物,应结合《幼儿园教育纲要》中规定的要求。例如,在语言、常识作业中,可在幼儿认识各种物体时,指导他们观察物体的特征;在绘画、手工等美工活动中,可以通过组织幼儿参观实物或观察模型、玩具、图片等,帮助幼儿体会物体的造型美。有时为了指导幼儿开展建造某一建筑物的游戏,可以组织幼儿专门观察。例如,"造天桥"时,可以组织幼儿去天桥散步、参观,在活动中观察天桥的结构特点和美丽的装饰,体验工人建造天桥的社会意义。

在指导幼儿观察实物与图片中的物体结构特征时,应教会幼儿掌握结构分析法,即说出物体各部分的名称、形状,比较建筑物的不同部分,掌握各部分结构物的组合关系。例如,观察房子,幼儿应该能说出房子的房顶、墙、门、窗等结构,说出它们的几何形状和上下左右位置。幼儿对房子的建筑结构有了明确的印象,就能在结构活动中反映出来。

2.教会幼儿结构的基本技能,培养他们的独立构造能力

结构游戏的基本技能有以下几个方面:

(1)会运用排列与组合、接插与镶嵌、串套与编织、粘合、螺丝旋转等结构方法构成物体。

(2)会灵活选用结构元件和辅助材料表现物体的基本特征。如,会用两个三角积砖代替正方积砖,用小纸做成彩旗,布置轮船等。

(3)会设计结构方案,能按计划有目的、有步骤地进行构造活动,并能在实践中修改、补充方案。

(4)会根据实物和平面图进行结构。

(5)会在集体建造活动中分工合作,建筑较复杂的建筑物。

幼儿掌握了上述技能,基本上就可以独立进行构造了。

3.提供丰富的结构材料和进行结构活动的场所

可以提供给幼儿的结构玩具和材料是多种多样的,最基本的有:各种型号的积木、塑积、竹积、串珠、金属螺丝结构玩具等,还有装饰用的辅助材料,如纸、线、瓶、各种盒子、线轴、小棒、鸡毛、石子等。结构玩具由于是素材玩具,因此结构件小而多。这就为幼儿收拾、整理玩具带来不少困难。一般说,玩具的存放不宜用小盒子,而宜用大箱子。另外,存放辅助材料,最好备有专门的箱子。

小型结构玩具适宜在桌面上玩,大型结构玩具可以利用地面玩。"建造"大型建筑物的地点,应靠近存放大型结构玩具的地方。

4.培养幼儿良好的行为习惯

通过结构游戏,教师要培养幼儿认真、耐心、细致的工作态度和爱护玩具、爱整洁、爱劳动的良好习惯。

(四)各年龄班幼儿结构游戏的特点与指导

1.小班幼儿结构游戏的特点与指导

(1)特点如下:

①小班幼儿进行结构游戏,没有一定的目的,还不会先想好要塑造的形象,然后有目的地去做。只是无计划地摆弄结构元件,只有当人问他"你搭的是什么?"时,他才会去注意自己的结构物,思考"这是什么"的问题,并根据他的想象告诉你。

②小班幼儿在结构活动中,对结构的动作感兴趣,常喜欢把结构元件垒高,然后推倒,如此不断重复,从中产生乐趣。

③小班后期在成人的指导和示范下,幼儿的结构游戏,逐渐有了主题,但主题很不稳定。幼儿还不会利用结构玩具开展游戏。

(2)指导方法如下:

①引导幼儿认识结构材料,有意识地搭简单的物体给他们看,也可以带领他们参观中、大班的结构活动,引起他们对结构游戏的兴趣。

②为幼儿安排场地,准备足够数量的结构玩具。开始可以分配给每人一份结构玩具,让各人玩自己的一份,建立最初的常规,使他们在游戏中互不妨碍。

③培养幼儿结构技能。教师可以边示范边讲解,向幼儿指点结构的方法、顺序及注意点,反复说明难点,并作示范,鼓励孩子独立地搭建简单物体;同时引导幼儿给结构物取名称。这样做,可以鼓励和培养幼儿的想象力,使他们对结构活动的目的逐步明确起来。

④建立结构游戏简单的规则(如爱护结构材料,拾起丢在地上的结构元件,玩好后应整理好元件,将它放回原处等),教给幼儿整理和保管玩具最简单的方法,使他们能参加修理玩具的部分工作,培养爱护玩具的习惯。

2.中班幼儿结构游戏的特点与指导

(1)特点如下:

①结构游戏在四至五岁幼儿的游戏中已占重要地位,中班幼儿进行结构游戏的目的比较明确,并且初步能了解结构游戏的计划。

②对操作过程有浓厚兴趣,同时也关心结构成果。

③已会独立地结构一些较复杂的物体,也会按主题进行结构,要求美化结构物,并围绕结构物开展游戏。

④已能独立地整理结构玩具。

(2)指导方法如下：

①结构活动是幼儿对周围生活的反映，教师应结合各科教学，利用散步、参观等各种活动，丰富幼儿的生活经验，增加幼儿对事物结构造型方面的知识，教幼儿学习设计结构方案，有目的地选材、看平面图。

②指导幼儿掌握结构技能和组织结构活动小组，小组一般是三至四人。教他们共同讨论、制订方案，分工合作，开展活动。

③组织幼儿评议结构成果，鼓励他们独立地、主动地发表意见，以发展他们的创造思维。

3.大班幼儿结构游戏的特点与指导

(1)特点如下

①大班幼儿对结构活动的目的明确了，计划性加强了，往往能围绕一个主题，进行几天甚至一周的结构活动，直到完成任务为止。

②由于掌握了许多结构技能，他们在结构活动中，追求结构物的逼真和美，希望自己的作品有新意。

③在教师的教育下，集体观念增强了。他们喜欢几个人一起彼此友好地"建造"一样东西，把结构的主题联在一起，进行情节复杂的、内容多样的创造性游戏。

(2)指导方法如下：

①丰富幼儿的结构造型知识和生活印象，启发幼儿为结构活动收集素材，以保证结构主题和内容不断发展。

②指导幼儿进行集体结构活动，教会他们制订计划。例如，协商确定主题、结构步骤及方法，确定结构规则，分工协作，创造性地共同构成一个复杂的结构物。

③重点指导幼儿掌握并运用新技能，以实现自己的构造设想。

④教育幼儿重视结构成果。可以通过展览会，开展各种游戏，提高幼儿对结构成果意义的认识，提高他们分析评价的能力。

⑤引导幼儿玩大型结构游戏。一个大型结构游戏甚至可以吸引一半以上的孩子，有的主题结构游戏可以连续玩几周。但是，这种大型活动是从部分孩子的小型活动开始的，由简单的个别物体开始，逐步增加情节、结构，参加的人数扩大后，最后发展成为大型结构游戏。在游戏进程中，教师可以参加孩子们的"建造"活动，掌握创造性的苗子，不断鼓励、建议，提供材料，帮助他们克服困难。

三、表演游戏

表演游戏，是指通过扮演文艺作品中的角色，再现文艺作品内容的游戏。例如，幼儿演出的童话剧、歌舞剧、木偶剧、皮影戏等。

(一)表演游戏的特点

1. 表演游戏是幼儿的一种戏剧艺术活动

表演游戏与角色游戏很相似,都以扮演角色为手段,去反映现实生活。但是,角色游戏所表现的是幼儿的具体生活,表演游戏则表现某一文艺作品的内容。幼儿在表演游戏中,要按某一文艺作品的人物去确定表演的角色,根据作品对人物的描写,按人物的对话和行动去扮演角色,按文艺作品中情节的发展顺序去组织表演游戏的过程。即使是幼儿自编自演或即兴表演的游戏,其内容也与角色游戏不同。表演游戏是一种具有独特个性的角色游戏,与成人的演戏一样,是一种戏剧艺术活动。

2. 表演游戏是幼儿的创造性活动

幼儿的表演和成人演戏一样,是对文艺作品的一种再创造。例如,表演"狼和小羊",有的幼儿扮演成一只凶恶的狼,有的幼儿扮演成一只狡猾的狼,他们使艺术作品具有了新的特色。但是,幼儿对文艺作品的再创造与成人有区别,带有游戏性。因为,幼儿的各种表演不是在成人的导演下进行的,完全是自己的一种独立活动。他们根据自己对作品的理解去扮演角色,反映作品内容,即使是同一作品,表演也可能是不一样的。有时,他们会只反映作品中的某个侧面,渲染自己认为有兴趣、有意义的情节,甚至会增加自己喜欢的角色、情节、对话或删改某些情节和对话等,以表现自己对作品的情感与态度。所以,表演游戏是幼儿的一种创造性游戏。

(二)表演游戏的教育作用

1. 表演游戏能培养幼儿对文艺作品的兴趣

幼儿通过表演,能更好地掌握文艺作品的主题和情节,了解作品中事件发生的因果关系、人物的性格特征及人物之间的关系,加深对文艺作品的理解。在表演中,他们不仅对作品记忆牢,并且在一次次的重复演出中,受到潜移默化的影响,接受教育。

2. 表演游戏能有效地发展幼儿的口语能力和想象能力

在表演游戏中,幼儿能掌握正确的发音、丰富的语词,会讲优美的语言,提高语言的表达能力。在这个过程中,幼儿的想象力、创造力和表演才能得到极大发展。

3. 表演游戏能培养幼儿团结协作的集体观念和优良品质

表演游戏能使幼儿具有共同体验,在协调一致的行动中加强集体观念,培养胆量,陶冶性格。

（三）表演游戏的种类

1. 幼儿表演

幼儿表演，是以故事、诗歌等文艺作品为蓝本，由幼儿按自己对作品的理解，在游戏中自编自演。幼儿的每一遍演出，都可能不一样。三至四岁的幼儿，只能表演文艺作品中自己印象最深的、极其简单的片断情节。表演对他们来说，只是一种游戏。他们容易被有趣的情节和表演动作所吸引，至于表演得好坏，是否有人欣赏，他们是毫不介意的。五至六岁的幼儿，表演有很大发展。他们在游戏中已显示出计划性和组织性，并对表演质量有了新的要求，常常自编自演自己的生活，有时也能创作一些幼儿文艺作品。

2. 桌面表演

桌面表演，是指在桌面上以玩具替代文艺作品中的角色，幼儿以口头独白、对白与操纵玩具角色的动作，来再现文艺作品的内容。例如，他们可以在桌上用积木搭一座小桥，以玩具代替狼、羊，玩"狼和小羊"的表演游戏。

3. 影子戏（皮影戏、灯影戏）

离奇有趣、变化多端、形象夸张的影子，深受孩子的喜爱。幼儿玩的影子戏有头影、手影、拉线纸影、扦子操纵的皮影等。

4. 木偶戏

木偶是指用木头制成的偶象。除木制的外，还有纸制的，用瓶、盒子、蛋壳、泥等材料制成的。现代人把用各种材料制成的偶象都称为木偶。用木偶表演，来再现文艺作品的内容，称为木偶戏。

木偶形象夸张、造型美丽、生动有趣。它既是艺术品，又是幼儿表演时的玩具。孩子们不仅喜欢看木偶表演，更喜欢自己操纵木偶，自编自演。幼儿表演用的木偶，主要是布袋木偶、手指木偶，有时也有杖头木偶和提线木偶。

（四）表演游戏的指导

1. 协助幼儿选择表演游戏的主题

孩子们玩的表演游戏，题材主要来自教师在作业中教的故事、儿歌、歌曲等，另外还来自图书、电视、电影，少量的来自孩子的生活经验。

用于表演游戏的文艺作品，应当有特定的情景、性格明朗的各种角色、生动有趣的起伏的情节、简明形象的语言，短小而又能说明一两个道理。例如，"龟兔赛跑"角色性格明朗，有对话、独白，追逐等形象化动作，情节起伏而有意义。即使是一首歌曲，只要具备以上特点，孩子也可以进行表演。

教师对那些可以进行表演的文艺作品，应重点介绍主题、情节发展、角色语言和动作等。

教师的介绍要有表情、动作,语言生动,富有表现力,以激发幼儿对作品中人物的情感与表演的欲望。教师除在语言、常识作业中介绍作品之外,还可以在日常生活中对一些作品重复讲解,组织幼儿练习对白等。

2. 提供表演游戏的物质条件

为幼儿提供表演游戏的环境和物质材料——服装、道具、布景,是幼儿进行表演游戏的重要条件。表演游戏一般需要以下一些材料。

(1)简易的舞台与布景。幼儿表演的场景应力求简单,如幼儿用两把小椅子将观众与演员隔开,就产生舞台的场景。木偶台可以用一块幕布把操纵者遮住,即行,有条件时,可以给孩子们做个木偶、皮影的小舞台,以增加游戏表演的情趣。

表演用的布景应造型夸张、色彩鲜明,可以结合美工活动,让孩子们一起来设计、制造。例如,布景中金色的小房子,可用大型积木搭建,在积木上挂上或用胶水把纸粘上金色的屋顶与门窗。又如,木偶布景较小,孩子们平时的绘画、纸工和泥工作品都可以使用。

(2)服装与道具。幼儿表演游戏用的服装与道具,可以象征性的表现角色所具有的显著标志。如各种动物、人物角色,只需一个头饰即行。少数民族的角色,除头饰外,还可以有一些突出民族特征的服装,如新疆人的马甲背心、西藏人的彩条围裙等。在表演游戏中,应为幼儿提供各种人物(如爷爷、奶奶、妈妈、爸爸、小孩、工人、农民、解放军等)的服装、道具;还要准备各种动物(如兔、小羊、猫、狗、狼、老虎、狐狸等)的道具,故事、童话中经常出现的人物、动物(如白雪公主、七个小矮人、孙悟空、猪八戒、机器人、太空人等)的道具,也十分需要。这些服装、道具可以成套配制,也可以是各种素材,如胡子、眼睛,各种帽子、上衣、围裙、腰带、头饰、玩具刀、枪、碗筷,等等。孩子们可以根据角色的需要去选配。

总之,服装、道具应当力求简便,设计与制作应当是幼儿表演游戏的组成部分。教师不要完全包办,要组织幼儿在表演游戏中去设计环境,制作布景、道具和选配服装。对于孩子们来说,这些工作也是一种愉快的游戏。孩子们在活动中更能表现出主动性、积极性、创造性。服装与道具并不一定要购买高级材料制作,可以用孩子的各种主题玩具替代,或者和平时的美工活动相结合,自己制作。

3. 指导幼儿表演的技能

(1)教师示范表演。教师经常把故事、童话、诗歌、歌舞等作品,以戏剧、歌舞、木偶、皮影戏等形式,向幼儿作示范性表演,不仅可以激发孩子们表演的愿望,还可以帮助他们积累丰富的表演素材,学习各种表演技巧。因此,教师的示范表演是对孩子的重要指导。教师的示范表演可以在全园的娱乐活动、节日活动中进行,也可以在日常游戏活动中进行。这种表演有时需要几个人合作,几个班的教师可以合演。

(2)教师与幼儿共同表演。教师应常常参加孩子们的表演游戏,在游戏中担任某一角色,和孩子们一起演出。教师和孩子一起表演,有两方面的作用:其一是带有示范性,给孩子以启示,让孩子们模仿;其二是用提问、建议的方法,组织孩子们讨论,以启发、帮助幼儿理解作品内容,让他们用自己创造出来的、生动形象的语言和动作,表达作品内容,并肯定孩子们的创造,使孩子们创造的各个角色能组成一个完整的作品整体。例如,在"三只羊"的表演游戏中,教师扮演老羊,孩子们扮演狼和中羊、小羊。教师对扮演狼提出这样的问题,这只狼很凶,还是很狡猾,怎么能看出来?孩子们讨论后,认定这个狼是狡猾的,因为它细声细气地讲话,脸上露出假笑。孩子们还各自模仿了狼的动作和语言,然后选择其中的一种语调和动作。

(3)对幼儿进行表演技能训练。表演技能,指台词朗读、表情动作、木偶和皮影操作技能等。这些表演技能,除了让孩子们在语言作业中学习外,还可以在游戏时间里对幼儿进行训练。例如,用"小猫和小老鼠"的游戏,对幼儿进行表情动作训练,让玩具小猫坐在小椅上,小老鼠出来玩,开始,它们怕极了,逃走了,后来发现是假猫,便又无法无天。教师让幼儿练习轻轻跑和害怕的表情,以及无法无天的自由动作。这样,幼儿的表演技能得到了训练。又如,教小班幼儿做木偶操,用儿歌或者音乐伴奏,让他们练习立正、侧转身、弯腰、拍手、点头、思考等木偶动作。

(4)启发幼儿创造性地表演。幼儿常常根据自己的生活经验进行自编自演的创作活动。例如,有两个幼儿用玩具小鹿、小兔作木偶,即兴创作表演了木偶戏"长颈鹿的头颈真长呀"。操纵长颈鹿木偶的孩子边表演边说:"我是长颈鹿。我有一个长头颈。我的头颈又长又高,可以看见很远的东西。哦!我看到了军舰,军舰上有……,我又看到了……"。这时,演小白兔的孩子急了,说:"我怎么看不见,也让我看看吧","不行,谁叫你的头颈不长的呀!"演出就结束了。教师认真地欣赏了孩子的短剧后,称赞他们编得真好,还和孩子一起谈到了如何改进剧本,如长颈鹿不应该这样骄傲。经过一次次演出、讨论,再演出时,这短剧就成为孩子们创造的好的文艺作品。教师及时发现孩子的创作苗子,并给予鼓励和指导,是十分重要的。有时,教师也可以专门组织创作活动。例如,给全班孩子两至三个小动物,要求他们编一个故事,并将故事表演出来。于是,孩子们分组设计、表演,然后互相观摩,最后,教师将各组孩子编的作品综合在一起,加工成为一个较完整的作品。这种创作游戏活动,以平时的看图讲述、看图编故事、作业活动为基础,一般在大班进行。

四、智力游戏、音乐游戏、体育游戏

(一)智力游戏、音乐游戏、体育游戏的特点

智力游戏、音乐游戏、体育游戏是教育者根据教学任务编制的、有规则的游戏。这些游戏各有不同的特点。

智力游戏,是指根据智育任务设计、以智力活动为基础的游戏。它的主要作用在于引起

幼儿的学习兴趣,丰富幼儿的知识、经验,发展幼儿的智力和语言。

音乐游戏,是指根据音乐教育的任务设计,以音乐活动(唱歌、跳舞、音乐欣赏等)为基础的游戏。它的主要作用在于引起幼儿对音乐的兴趣,发展幼儿的音乐感受力、表达力和创造力。

体育游戏是指根据体育任务设计,以发展幼儿基本动作为基础的活动性游戏。它的主要作用在于培养幼儿对体育活动的兴趣,发展幼儿的基本动作,增强幼儿的体质。

(二)教师对智力游戏、音乐游戏、体育游戏的指导

1. 游戏前,介绍游戏

教师应用示范、讲解的方法,向幼儿介绍游戏的玩法和原则,并对幼儿提出要求。示范和讲解应力求简明、生动、重点突出,让每一个幼儿都能看懂、听懂。

2. 组织幼儿进行游戏

教师在组织幼儿游戏的过程中,应着重指导幼儿遵守游戏规则,提高游戏质量,完成教学任务;注意激发幼儿在游戏过程中的积极性、主动性,并及时对个别幼儿给予具体指导;还要注意掌握时间,使每个幼儿都有游戏的机会。

3. 做好游戏结束工作

游戏结束时,教师可以对完成教学任务的情况和幼儿的表现作出评价,并鼓励幼儿在日常生活中独立地游戏。

五、玩具

玩具是专供儿童游戏用的物品,如枪、球、滑梯等。

(一)玩具的教育意义

玩具是幼儿游戏的物质基础和物质中心。有了枪,幼儿可以玩军事游戏;有了听诊器,幼儿可以玩医生看病的游戏;有了棋,幼儿可以玩智力游戏;有了积木,幼儿可以玩建筑游戏等。在游戏中,幼儿的思想和行动都是围绕着玩具这个物质中心展开的。玩具是幼儿的亲密伴侣,能给幼儿无限的欢乐。正如鲁迅所说:"游戏是儿童最正当的行为,玩具是儿童的天使玩具以它特有的性能、具体的形象、鲜明的色彩、有趣的造型、优美的声音和夸张的动作,再现人类社会和大自然中各种事物的典型特征,反映人们对自然、对生活的态度。因此,幼儿在使用玩具进行各种游戏时,能有效地引起对生活经验的联想,激发思维、想象和行动,从而认识周围世界,增长知识,发展智力,并陶冶性格。所以,玩具是幼儿认识周围生活的工具,是发展幼儿智力不可多得的形象的启蒙教科书。

玩具能促进幼儿身心健康发展,是幼儿园进行全面发展教育的工具之一。

(二)玩具的种类

幼儿园玩具的种类很多,可以从内容、制作材料、技术性能等方面来划分。

从内容来分,玩具主要有以下几种。

1.形象玩具

形象玩具又称主题玩具或主题形象玩具,如娃娃、各种动物、各种交通工具、木偶等。这类玩具是对实物原形的模拟,并以具体的形象吸引幼儿,可用来开展主题角色游戏。

2.智力玩具

智力玩具有拼图、棋类、魔棍、嵌板、图片等。这类玩具有助于发展幼儿的求知欲和创造性思维。

3.建筑玩具

建筑玩具有积木、胶粒等。这类玩具是结构游戏的主要材料。

4.体育玩具

体育玩具有皮球、沙袋、滑梯等。这类玩具有助于幼儿开展体育活动和体育游戏,完成体育任务。

5.娱乐玩具

娱乐玩具有滑稽人、熊猫吹泡泡等。这类玩具可以使幼儿愉快,培养幼儿的幽默感。

上述玩具,可以去商店购买,也可以利用各种材料自制。

按制作的材料来分,有木制玩具、布制玩具、纸制玩具、毛绒制玩具、铁制玩具、塑料制玩具等。

按技术性能来分,有拖拉玩具、敲打玩具、惯性玩具、电动玩具、摇控玩具(如声控、光控)等。

(三)玩具的选择

1.选择玩具的要求

(1)具有教育意义。玩具的内容应该正确地反映我国社会主义社会中美的事物和科学文化上的新成就,有助于对幼儿进行全面发展的教育。

(2)活动多变,有多种功能。玩具中,如会动的娃娃、动物、车辆等,能充分发展幼儿在游戏中的主动性、创造性,使幼儿在游戏中积极思维、克服困难、不断探索。

(3)富有艺术性。玩具是一种艺术品,形象和色彩应符合艺术要求,能引起幼儿快乐和喜爱的感情,能培养幼儿的美感。玩具也应具有民族风格,吸取民间艺术的优点。

(4)符合卫生要求。玩具应该声音和谐、色彩鲜艳,且无毒性,便于洗晒消毒而不会伤害幼儿。(5)经济实惠。玩具要经久耐用,色彩不易脱落。

2.各年龄班玩具的选配

由于各年龄班幼儿的特点不同,因此,应该为他们选配不同的玩具。对于小班幼儿,应为他们选择易于取放的玩具。过于笨重或过于细小的玩具,不甚适宜。小班幼儿好模仿,又爱独自游戏,给他们的玩具,种类不必过多,但是数量可以多些。小班幼儿动作还不够稳定,可以为他们准备一些发展动作的玩具,如皮球、小拉车等;还可以准备一些娱乐性玩具,由教师操作给他们看,如小鸡吃米、自动化的车辆等,让他们感到在幼儿园生活很快乐,从而逐渐爱上幼儿园。

对于中、大班幼儿,应为他们选择一些能满足智力、体力发展需要的玩具,如中、大型积木,乒乓球,铁环等。中、大班幼儿分辨能力增强,选配给他们的玩具,应当能表现事物的某些特征,如不同职业、不同民族的娃娃。大班还应该有更多的自制玩具和可以制作玩具的各种材料。

每个学期,全园的玩具应按年龄班作一次统一的调整。

(四)玩具的使用与保管

1. 玩具的使用

玩具是玩的。教师应教会幼儿使用具体有以下几点:

(1)向幼儿介绍玩具时,教师应讲清玩具的名称、特征、用途和使用方法。

(2)幼儿观看新玩具表演时,教师应有足够的表演时间,保证每一个幼儿都能看清楚。

(3)教师应以自己对玩具的喜爱情绪来激发幼儿对新玩具的兴趣。

(4)让幼儿了解各类玩具的性能和使用须知

玩具的类型很多,性能各异。例如,布制玩具易脏,缝合处易脱线,洗后要吹干,否则易发霉;长毛绒玩具也易脏,毛易结成一团,不能用火烤,更不能拉;塑料玩具中硬塑料玩具易断裂,不可用牙咬,搪塑玩具弄脏后不易洗净,坏后不能修复;充气玩具冲气不可太足,不可挤压;金属玩具易损坏,不能进水,否则易生锈;结构玩具易失散;机动玩具发条不能上过头;电动玩具玩后要关掉,并取下电池等。让幼儿了解各类玩具的性能和使用须知后,幼儿可以正确地使用玩具,延长玩具的使用寿命。

2. 玩具的保管

玩具的保管应是师生共同的任务。幼儿是玩具的主人,也应是玩具的保管者。让幼儿参加一定的保管工作,可以培养他们爱护玩具的好习惯。玩具对于教师来说,是一种教具,保管玩具又需要一定的知识和技能,因此,这主要是教师的职责。

(1)提供保管玩具的设备。保管玩具要有一定的设备,如玩具柜、玩具架、玩具箱、玩具盒、玩具运输车等。玩具柜、架应为敞开式,玩具柜的高低、深浅,要适合幼儿的身材与手臂的长短,便于幼儿取放玩具;玩具箱(盒)是使用方便、能移动,便于安放那些分散性的素材玩具(如积木),进行整体保管使其不散;玩具运输车是指一些简易的拖拉工具,可以将小玩具装上车运送至户外或其它地方。保管玩具的设备,应有条不紊地放入玩具角,同时要建立玩具使用、保管的规则,以形成幼儿爱护玩具的良好行为。

(2)玩具要定期检查、维修、清洗和消毒。每周或每月应有一至二次玩具大检查、大清洗和大修理。检查、修理与清洗工作,都应列入劳动计划,动员孩子们都参加。

第六章 学前教育中的教育方法

第一节 观察法

一、观察法的概念

观察,是指人们对周围存在事物的现象和过程的认识。"观"是看,"察"是分析研究。观察是一种有目的、有意识的感性认识活动,属于认识论范畴,而不是生理学范畴的概念。观察法,指的是人们有目的、有计划地通过感官和辅助仪器,对处于自然状态下的客观事物进行系统考察,从而获取经验事实的一种科学研究方法。它强调在"自然发生"的条件下,对观察对象不加任何干预控制。观察法最适合于幼儿,是教育研究中最基本的方法,特别对于学龄前的幼儿,是最为简便易行的方法。

二、观察法的特点

(一)目的性

观察是有目的的感知活动,在进行感知活动时,如果没有明确的目的,那就只能算是一般的感知,不能称为观察。一个明确的观察目的是研究者的行动指向,制约着研究者观察的过程。观察前,研究者确定观察任务,观察要解决什么问题,怎样给变量下操作性定义;观察中,研究者尽量排除无关刺激的干扰,收集能够回答观察任务的事实材料。

(二)计划性

观察研究之前,研究者应根据需要有意识地制订研究计划,对观察的对象要有确定的范围、明确的指标,以求全面把握观察对象的各种属性,即对观察的时间、对象、范围、仪器、记录方法、过程、注意事项、变通方法等都有事先的计划、安排,保证观察有计划地进行。这些计划和安排可以使观察的效率大大提高,增强所获资料的准确性和可靠性。

(三)选择性

解决问题时应有所侧重,而不是胡子眉毛一把抓。观察总是以能够系统地说明一个或几个特定的问题为出发点,不是一般地认识任何现象。作用于人们感官的现象有很多,时间和精力的有限决定了研究者要选择典型的观察对象。只有做到对观察对象有所甄别,把注意有意识集中和保持在经过选择的观察对象上,获得的观察材料才有针对性。从复杂多变的现象中选择观察的典型对象,选择典型时间、事件,以获得有代表性的材料,才能解决固定的问题。

(四)自然性

强调在"自然状态"下,对观察对象不加任何干预和控制是观察的最突出特点。保证观察的自然性,才能获得真实可靠的材料,因此研究者应该努力避免妨碍事件自然发生的一切因素。

(五)客观性

观察的客观性是感性认识上升为正确理性认识的前提。观察所获得的事实材料,实质上是研究者对教育现象或过程的一种反映和描述,观察的客观真实性将直接影响观察分析的正确性。

三、观察法的类型

(一)按是否借助仪器和技术手段分类

1. 直接观察

直接观察是指凭借人的自然器官如眼、耳等感官在现场直接进行观测,从而获得第一手资料的观察。例如,教师观察幼儿的游戏过程,并用笔记录幼儿的游戏过程。

直接观察的优点是观察者身临其境,感受真切、直观、具体,有助于形成对观察对象的整体认识,适合于在实践第一线的老师应用,但人的感官是有一定局限性的,纸笔记录往往会遗漏许多信息,被观察的行为现象不能被完整地保存下来,难以再现原始情境。

2. 间接观察

间接观察是指是利用仪器或技术手段如录音、录像等为中介,间接地对现象或行为进行观测,从而获取资料的观察。

采用间接观察能将现场情境尽可能地保留下来,可供日后反复观测和反复分析用。因此,现行的观察常需要以间接观察作为辅助手段,利用现代化的仪器设备,使观察更精确、更全面。

(二)按是否直接介入被观察者的活动分类

1. 参与观察

参与观察是一种独特的观察方式,它要求观察者不暴露自己的真实身份,加入到被观察者的群体或组织中,进行隐蔽性的观察。例如,观察者作为游戏的参与者参与幼儿的游戏过程,在不被幼儿察觉的情况下,对幼儿的行为进行观察。

参与观察的好处是能掌握第一手材料,可以缩短观察者与被观察者的心理距离,可以深入到被观察事物的内部,并可以追根究源,查明原委,发现用其它方式难以了解的问题。但是,参与观察的主观性较强,研究结果难以重复验证。另外,如果观察者过分参与,没有摆正自己的位置和所扮演的角色,成了左右活动的人物,那就会影响观察的客观性。

2. 非参与观察

非参与观察指观察者不介入观察对象的活动,以局外人或旁观者的身份进行的观察。

这种观察可以是公开的,即观察者知道有人在观察;也可以是隐蔽的,即观察者在不知晓的情况下被观察,如通过观察屏或暗中设置的仪器进行的观察。一般来说,绝大多数的观察是采用非参与观察进行的。非参与观察由于不干预观察对象的发展和变化,只是从旁对正在发生的行为现象进行记录,因此所得的结论相对客观,但观察内容容易表面化,不易获得深层次的信息。

(三)按观察程序的严密程度分类

1. 结构观察

结构观察,也称正式观察,它是一种计划严谨、周密、操作标准化的观察。这种观察的基本特征是:观察指标体系明确具体;严格对观察行为分类、下操作定义;预先制订细致的观察记录表;在一定控制程度下进行观察;范围较大的观察,需要培训观察人员,建立信度;用量化方式分析资料;所得结果较为可靠;多用于验证性研究。

结构观察由于采用标准的观察程序,能控制因观察者主观因素造成的误差,相对来说科学性更强,更具说服力,它对观察者和观察手段都有较高的要求,常用于描述性研究和实验资料的搜集。

2. 非结构观察

非结构观察,也称非正式观察,是一种无周密的观察计划,没有记录表,记录内容往往是文字描述和质的分析,结构较为松散,但易于实施的观察。适合于教师获取日常教育、教学等方面的信息和对儿童身心发展各种特点的认识,多用于探索性的观察研究。

非结构性观察在科学性上略显欠缺,但它在教育、教学的自然情境中实施,方法灵活,有较好的可行性,常为实践工作者采纳。

(四)按观察的情境条件分类

1. 自然观察

自然观察也称现场观察,指在现场自然情境中,对观察对象不加以控制的一种观察。通常采用纸和笔对偶然现象或系统现象作描述性的记录和分析。

自然观察是最古老的,也是最基本的观察,适用于对儿童发展和教育的研究。这种观察能系统地记录儿童的发展性变化,能收集到较为客观真实的资料,具有生态效应。但这种观察常常需要花费较多的时间和精力,观察所得材料往往是观察对象的外部行为表现,难以确定内在因果关系。另外,观察难免有主观选择性,只记录观察者感兴趣的行为表现,而忽略一些重要的行为细节。

2. 实验室观察

实验室观察又称控制观察或条件观察,指在研究者控制条件的过程中,对现象或行为进行的观察。通常要求观察程序标准化,观察问题结构化。

控制观察是在严密的条件控制下进行观察,能克服因观察者主观选择而产生的误差。但由于对环境条件的人为控制难度较高,实践起来较困难。另外,也有可能会影响研究结果的真实性和可推广性。

(五)按照是否以自身心理行为为观察内容分类

1. 自我观察

自我观察又称内省观察,是人文科学研究中的特殊方法,它将观察者与被观察者合二为一,即观察者对自己内在心理活动与过程进行自我认识。人的内在心理活动和过程是教育研究的一个重要方面,任何外部的教育影响只有被主体感受到了,才能对人的发展产生作用。因此了解人的内心感受,了解人的内部世界是教育理论研究和实践所必需的。通常自我观察采用口语报告法,即要求被试对特定问题出声思维,怎么想就怎么说。研究者对被试的口语进行记录,并作描述性分析。

2. 客体观察

客体观察又称客观对象观察,指对主体以外的他人或事物的观察。一般的观察都是客观对象观察。

从以上各种观察类型中可以看出,每种观察类型都有各自的基本特性、适用范围和条件以及各自的优缺点。教育研究中运用哪类观察则要根据实际情况做出选择。但无论哪种观察类型,观察所要达到的目标是统一的,就是要使观察得到的资料与被观察的实际状况达到最大限度的一致。换句话说,就是观察要客观,客观的观察才是有效的观察。

四、观察法的优点

观察法既可作为一种独立的研究方法,也可作为其它研究方法的辅助手段。但它的作用是任何别的方法所不能替代的。只要认识到观察法的优点和它的局限性,在研究实践中扬长避短,就能充分发挥它的作用。观察法的优点主要有如下几点:

(1)在自然状态下即时进行,生动、具体、直观,可获得第一手资料。相对来说,所得资料比较客观。

(2)可收集到非语言行为的数据和资料,便于对行为进行研究,特别适合于对学前儿童的研究。

(3)可对观察对象作较长时间的跟踪研究,能获取行为现象发展变化趋势的有关资料。

(4)观察资料是从被试的常态行为表现中获得的,可以排除被试的主观反应偏差,具有较好的生态效应。

(5)操作简单,易于实施。

第二节 访谈法

一、访谈法的概念

访谈法,是指以口头的形式,调查者通过与被调查者进行面对面的交流来了解情况、搜集资料的方法。

访谈法不同于日常生活中的一般交谈,是一种研究性交谈。它有特定的科学目的、严格的设计和编制原则,是调查者根据被访问者的答复搜集的客观的、不带偏见的事实材料,以准确地说明样本所要代表的总体的一种方式。

二、访谈法的特点

(一)过程灵活性强

调查者在访谈过程中,能采取比较灵活的态度,根据被调查者的具体情况,有选择性地灵活使用事先准备好的访谈提纲,提出比问卷更有深度的问题。然后根据访谈中所获得的言语信息或非言语信息进行深入的探讨;或者根据不同的访问对象,采用不同层次的访谈方式,从而获得更丰富、更生动的材料。

(二)能够使用比较复杂的调查问卷或者访谈提纲

由于有调查者对被调查对象的指导,使得访谈过程能够使用一些比较复杂的调查问卷或者访谈提纲,这在问卷调查中是很难做到的。

(三)能够获得直接、可靠的信息和资料

在访谈过程中调查者可以通过观察与分析被调查者的非言语行为、回答问题的态度等,确定被调查者回答内容的真实性,当被调查者误解了问题,答非所问时,调查者可以及时解释,使调查资料更加准确、可靠,从而保证直接和可靠的信息和资料。

(四)不受书面语言文字的限制

访谈法对问卷调查不适用的文盲或者受教育程度低的调查对象也同样适用,使得调查对象能更加广泛。

(五)容易进行深入调查

首先,访谈是面对面进行的,调查者受过专门的训练,掌握了访谈的技巧,能较好地取得被调查者的信任和合作,因而容易进行深入调查。其次,调查者与被调查者之间能相互启发和影响,调查者在访谈过程中可对有关问题进行补充询问或追问,能对有关问题做更深入地了解。

(六)回收率高

只要能找到合适的访谈对象并与之交流,访谈过程一旦展开,就能获得一定的信任和资料。

三、访谈法的类型

(一)按照调查访谈时的控制程度分类

1. 结构性访谈

结构性访谈,又称标准化访谈或控制式访谈,它要求一定的组织手续,严格按照预先拟定的计划进行。这种访谈的主要特点是把问题标准化,对各调查对象都采用一样的方式呈现问题,被访问者的反应答案通常也受到限制,只能在预定的项目中作选择;访谈的实施,完全按照预定的访谈计划,逐一进行。所有的被访问者都是回答同一结构的问题。

结构性访谈又有两种方式:一种是访谈者根据问题大纲控制进程,对每一个被访问者问差不多同样的问题;这种访谈最重要的就是控制"话题",确保谈话围绕着问题大纲进行。这种访谈法也可以说是有限度的控制。另一种方式是把问题与可能的答案印在问卷上,由被访问者选答,这也叫高度控制的访谈。结构性访谈调查有利于克服访谈过程中的随意性,所获资料的标准化程度较高,便于归类整理,统计分析,但这种方法比较死板,缺乏弹性,只能根据预设问题访谈,难以进行深入探讨。

2. 非结构性访谈

非结构性访谈,又称非标准化访谈或非定向访谈,这种访谈不适用表格和事先定好的访问程序,对被访问者的反应也没有任何限制。虽然访谈是围绕着一定的目的进行的,但题目的内容、顺序、用语,均可由访谈者自由改变。

另外,非结构性访谈又可以分为重点集中访谈和非指导性深度访谈两种形式。重点集中访谈是访谈的重点集中在某一问题或某一事件上,进行深入详细的访谈了解。要求访谈者在访谈时围绕着问题或事件对被访谈者循循善诱。虽然调查的是既定的问题或事件,但访谈者在提问方式上有充分的自由,被访问者在访谈者的启发下,也可重复地自由表达思想和意见。非指导性深度访谈的特点是不给予任何的指导、建议或问题,让被访问者尽量表达其情感。访谈者主要的作用是鼓励被访问者自由而完全地谈论对有关问题的意见,自己仅仅表现倾听的态度。这种访谈比重点集中访问更没有限制,适用于了解被访问者的内在动机、态度和欲望。

非结构性访谈有利于发挥访谈者和被访谈者的主动性、创造性,扩展和加深对问题的研究,及时处理访谈中出现的新问题、新情况。但是,非结构性访谈的结果难以进行定量分析,对不同被访者的问题难以进行对比分析,同时,此方法对访谈者的要求也比较高。

结构性访谈和非结构性访谈两种方法各有优点和局限,在实际研究中,研究者们常常把两种方法结合起来使用。一般先进行非结构性访谈,然后再进行结构性访谈。

(二)根据访谈方式的不同分类

1. 直接访谈

直接访谈,即访谈者与被访谈者进行面对面的交谈。直接访谈不但能够直接深入地探讨有关问题,了解被访谈者的思想、态度、情感等情况,而且还能亲自观察被访谈者的有关特征和他们在访谈过程中的许多非语言信息,使访谈结构更加真实可靠。但是,此方法费时费力,且对访谈者要求较高。

2. 间接访谈

间接访谈,即访谈者通过一定的中介物与被访谈者进行非面对面的交谈。间接访谈的主要方式是电话访谈。电话访谈的主要优点是简便易行，节省时间和费用，对访谈者要求也不高，适合于内容较少、较简单的调查研究。但是，这种访谈方式适用方法有限，难以深入探讨有关问题，也无法观察到被访谈者的非语言信息，不利于对访谈结果的分析。

（三）按照一次访谈对象的人数分类

1. 个别访谈

个别访谈是指调查者对每一个被访者逐一进行单独访谈的调查。个别访谈有利于调查者与被调查者之间的沟通，方式比较灵活，适应性较强，对某些敏感性问题的谈话也能达到一定的深度，但访谈效率较低，因而常被用于个案调查中。

2. 集体访谈

集体访谈，又称团体访谈或座谈调查，是多人同时作为被访对象参与访谈并由调查者搜集资料的调查，它是通过集体座谈的方式进行的调查。这种方法扩大了调查对象，能在较短时间里收集到较广泛和全面的信息，能够提高访谈调查的效率。同时有利于减轻被访者的心理压力，可以使被访者互相启发，互相探讨。但此方法难以充分征询每个被访者的意见，特别是对于敏感性问题难以展开深入谈话，因而适用于了解某个群体的情况和想法，进行类型学的分析研究及了解各种不同的情况和观点。其中，焦点小组访谈是一种比较常见的集体访谈形式，是研究者与一群人就某个问题进行探讨的方式。它的特点是交叉信息的激发与验证、集体性建构知识以及易产生同伴压力和集体性思维。

（四）按照对同一访谈对象进行访谈的次数分类

1. 一次性访谈

一次性访谈，又称横向访谈，是对人们在某一生活时刻或某段时间内的某一研究问题进行的一次性收集资料的访谈。一次性访谈常用于对某个特殊的问题进行调查研究，或在某一事件发生后，人们对该事件的态度及该事件对人们的影响的调查研究，它以收集事实性材料为主，收集内容比较单一，访谈时间短，需要被访者花费的时间较少，研究一次性完成，所获得的资料一般属于静态信息，常用于量的研究。

2. 重复性访谈

重复性访谈，又称纵向访谈或跟踪性访谈，是多次收集固定研究对象有关资料的跟踪访谈调查，即对同一样本进行两次以上的访谈以收集资料的方式。重复性访谈主要用于随着时间推移和其它环境条件的变化，人们在思想、态度和行为等方面所发生的变化的调查研究，是一种深度访谈调查，具有较强的科学研究的性质，得到的结果具有动态性。但这种访谈费用会比较高，耗时也较长，一般多用于个案研究或验证性研究。

（五）按照对话题的提问和答问方式分类

1. 正式访谈

正式访谈是与被访谈者约定好固定的时间、地点等进行访谈，旨在有目的、有计划地对相关问题进行逐层深入且理性的探讨。

2. 非正式访谈

非正式访谈是在非固定即闲暇空余时间，与被访谈者在随机访谈中了解有关研究问题的信息，是对正式访谈所获得的信息进行有益的补充或深入。如在正式访谈中被访谈者对一些敏感问题有意回避，或由于紧张而思维受限导致对访谈问题有所遗漏，非正式访谈则可以对诸如此类的信息进行补充和完善。因此，在实际研究过程中，这两种访谈方法常结合起来使用。

四、学前访谈法的注意事项

由于幼儿具有年龄小，智力和语言表达能力发育不成熟，易受他人影响等特征，因此当以幼儿为访谈对象的时候，在访谈方式方法的选择和运用上就要与成人有较大差别。研究者在访谈时需要注意以下几个问题。

（一）掌握恰当的谈话技巧

幼儿掌握的词汇和语言有限，不同幼儿间性格差异较大，有的胆小腼腆，内向敏感，不愿意回答；有的分不清想象和现实，回答的结果真实性不够等。因此，与幼儿谈话时，必须掌握合适的谈话技巧。

与幼儿谈话时，语言用词要浅显易懂，态度上要亲切和蔼，从而拉近和幼儿的距离，使他们感到处在一个舒适的环境，引起他们对谈话的兴趣。同时，对不同性格特征的儿童采取不同的谈话技巧。例如，对胆小一些的幼儿应更多地给予鼓励和关爱，促使他们愿意回答访谈者提出的问题。值得注意的是，如果幼儿回答出了比较理想的答案，此时访谈者不适合说"你真棒"这样带有暗示和偏向的回答，而应对幼儿的任何回答都作相同或相似的反应。因为幼儿年龄小，容易受访谈者言语或行为的影响，形成自我暗示，从而回答出对方期望听到的回答，这样会影响访谈的有效性。因此，在正式与幼儿访谈之前，应作预先的访谈，反复研究出其适宜的程度，待谈话的方式方法修正完善后，再对幼儿进行正式访谈。

（二）将幼儿视为区别于成人的特殊的对象

被访的成人往往能很好地理解访谈者的访谈目的、方式等，但幼儿却不一样。因此在访谈幼儿时，将幼儿视为区别于成人的特殊的对象，处理好访谈者和幼儿之间的关系就显得非常重要。首先，在孩子眼里，会将成人看作父母或老师一样的人物，不能像大多数成年人那样理解访谈者的角色。幼儿认为成人一定程度上代表着权威，而当成人来找他们问问题的时候会自然地认为，访谈者是在企图通过每个大人都知道的答案，来考他或者哄他。这与3~5岁的儿童在生活中常常受到许多成人式的拷问的生活经验有关。对于这些问题，孩子可能给予拖延、拒绝回答、故意给出不正确的回答的态度。另外，幼儿极容易受到他人的影响，比成人更容易受到暗示的影响。因此，在访谈幼儿的时候，访谈者应设法保持中立的态度和身份，不提供暗示性的引导或表达；访谈者要始终明确谈话目的，避免因幼儿模仿或从众而出现掩盖幼儿本意的现象。同时，幼儿想象力天马行空，不易分清理想和现实，常常将它们混淆，在回答问题时对阐述的心理感受、事物特征或情节会加以夸大，所以言语中常常有虚构的成分。因此，访谈者要把握好访谈的节奏，控制好谈话的方向，不要让幼儿的想象力不受控制地自由发挥。

（三）设置轻松有趣的访谈情境

幼儿通常对周围的世界充满了好奇和不解，他们往往很难理解周围的环境或者不懂他为什么被置于这样的环境中，不理解访谈者的角色，不知道自己应该怎么做。假如被访者是成人，那么访谈者就会解释访谈的目的并请求对方的允许，但幼儿通常不理解这些要求。所以，一般来说，访谈者会用玩具或者游戏创设一个幼儿熟悉、愉快的情境。这种不试图详尽地解释研究目的，只邀请他们玩玩具和游戏的方式，就已经让幼儿明白了身处何种情境并知道为什么自己会被置于这一环境中。因为爱玩是孩子的天性。对幼儿来说，游戏这个理由已经足够充分。一个全神贯注于游戏中的孩子自我意识较少，从而能给予较好的回答。但是用玩具或游戏设置访谈情境时，访谈者应注意玩具和游戏不要太有趣，避免幼儿沉迷于游戏拒绝回答问题。或者访谈者将访谈本身设置为一种游戏，通过使用多媒体展示图片、讲故事等方式有意无意地问问题，从而收集访谈资料。

（四）访谈儿童的伦理学问题

注意对幼儿访谈要征询监护人的知情同意，准备好知情同意书；对访谈内容的保密；访谈中平等地对待每个儿童。

五、访谈法的优点

（一）可以对研究内容有较深层次的了解

研究者根据研究的需要，以口头形式，向受访者提出感兴趣的问题，通过受访者的答复来收集客观事实材料。访谈时，研究者可以根据事先设计的调查问题展开研究，也可以根据被访者的反应，对访谈问题进行调整。

（二）能够简单而迅速地收集资料

访谈流程速度较快，受访者在回答问题时往往无法进行长时间的思考，因此所获得的回答是受访者自发性的反应。由于访谈常常是面对面地交谈，因此拒绝回答者较少，回答率较高。

（三）具体而准确地收集到材料

访谈由研究者与被访者直接进行交流，由被访者亲口讲出自己想法，便于收集到准确的材料。

（四）为研究者提供研究结果的可能解释

访谈中，研究者具有适当解说、引导和追问的机会，有助于探讨较为复杂的问题，获取到新的、深层次的信息。面对面谈话中，不仅可以收集到受访者的回答信息，而且还可以观察受访者的动作、表情等非言语行为,以此鉴别回答内容的真伪以及受访者的心理状态。

第三节 问卷法

一、问卷法的概念

问卷法是通过由一系列问题构成的调查表收集资料以测量人的行为和态度的心理学基本研究方法之一。"问卷"译自法文 questionnaire 一词,其原意是"一种为统计或调查用的问题单"。它是通过严格设计的调查问卷对人的心理和行为进行调查的一种数据收集方法。问卷是调查研究方法中用来收集资料的一种工具,是用于测量一系列变量的状态及其相互关系的工具。

通常问卷法适用于大规模的调查研究,研究者将所要研究的问题编制成问题表格,以邮寄方式、当面作答或追踪访问方式填答,从而了解被试对某一现象或问题的看法和意见,所以它又称问题表格法。它把一系列事先设计好的问题组合起来,以书面形式征询被调查者的意见,通过对问题答案的回收、整理、分析,获取有关信息的调查方法。

问卷是研究者按照一定目的编制的,对于被调查者的回答,研究者可以不提供任何答案,也可以提供备选的答案,还可以对答案的选择规定某种要求。研究者根据被调查者对问题的回答进行统计分析,就可以作出某种心理学的结论。由于问卷是一种书面调查,它要求被调查者具有一定的书面理解能力和文字表达能力。所以,问卷调查常用于幼儿教师、幼儿家长、幼教工作者,一般不直接用于对学前儿童的调查。

二、问卷法的特点

问卷法的特点如下:可获得大量有效数据;可以测量出个人的态度和观点;方便使用,省时、省力、花钱少、调查面广;由于可以不署名,真实性强,在某种情况下结论比较客观,特别是无记名问卷,调查者与调查对象不用面对面谈论有强刺激性或敏感的问题,利于消除调查对象心理上的顾虑和障碍,容易得到客观真实的资料;能搜集大样本信息资料,收效显著;便于整理归类,能做量的统计处理,使调查结果具有一定的代表性;标准化程度高、收效快。

三、问卷的类型

(一)结构型问卷

结构型问卷,又称定案型问卷,也称为封闭式问卷,是把问题的答案事先加以限制,只允许在问卷所限制的范围内进行挑选。结构型问卷包括以下问题形式。

1. 是否式

把问题可能答案列出两极端情况，从中择一，"是"与"否"，"同意"与"不同意"。比如：

(1) 你小时候和别人摔跤或角力时，常输给人家吗？是（　　　）否（　　　）

(2) 兄弟姐妹中，你的成绩是最差的吗？是（　　　）否（　　　）

(3) 你常常会羡慕别的孩子的家庭吗？是（　　　）否（　　　）

对以上问题的回答情况统计时，凡"是"占多数者倾向自卑，"否"居多者则不自卑，二者相当的较为普遍。

2. 选择式（单选或多项选择）

从多种答案中挑选最适宜的一个或几个答案，然后作上记号。比如：

(1) 您的宝宝在吃饭的时候会做与吃饭无关的事（如玩餐具、发呆等）吗？（　　　）

A．经常会　B．偶尔会　C．不一定　D．通常不会　E．从来不会

(2) 您或者您家人在吃饭时会做与吃饭无关的事（如看电视、玩手机）吗？（　　　）

A．经常会　B．偶尔会　C．不一定　D．通常不会　E．从来不会

(3) 对一些物体总爱观察、摆弄、拆开来玩。（　　　）

A．不这样　B．偶尔这样　C．有时这样　D．常常这样　E．总爱这样

(4) 与别的孩子发生争执时经常能谦让。（　　　）

A．不能　B．偶尔能　C．有时能　D．比较能　E．常常能

(5) 经常表现很任性。（　　　）

A．很任性　B．不很任性　C．一般　D．不大任性　E．不任性

3. 批判式

每个问题后列有许多答案，要求被试依其重要性评定等次，所以评判式也叫排列式、编序式。比如：

你认为目前中小学的艺术教育存在的主要问题是（请按您认为的顺序选择两项）（　　　）。

A．不受重视　B．教学方法不合适　C．教师水平不高　D．没有教室　E．说不清楚

4. 评定量表式

评定量表式是将答案分成一定尺度或等级由被调查者作出评定，也是定案型问卷的一种形式。在问卷中列出对某种事物的倾向或态度的两个对立概念，其中分几个级别，让被调查对象划出符合自己实际倾向的级别。比如：

尊敬的幼儿父亲：您好，这张表中列举了一系列您抚养孩子过程中可能会有的做法，按符合程度不同，分为5个级别表示：完全不符合；不太符合；基本符合；很符合；非常符合。请根据您与孩子行为的相符情况，在每题后您选择的数字上划○。

抚养孩子过程中，您会……

(1) 孩子身体出现不舒服时，我能够察觉到。1 2 3 4 5

(2) 孩子不听话时，我会生气、对孩子发火。1 2 3 4 5

5．数量式

要求在规定的地方填写有关的具体数字。例如：

(1) 您宝宝的年龄（　　　）周岁。

(2) 您宝宝所在班级（　　　）。

(3) 您从事幼儿教育工作已有（　　　）年。

（二）非结构型问卷

非结构型问卷也称不定案型（又称开放型、自由答题式）问卷，问卷由自由作答的问题组成，是非固定应答题。这类问卷，提出问题不列可能答案，由被试自由陈述。就题型分析，可以是填空式的，也可以是问答式的。例如：

(1) 您想让孩子长大以后干什么？为什么？

(2) 您的宝宝有不喜欢吃的食物吗？是什么？

(3) 您的宝宝有特别喜欢吃的或者只喜欢吃的食物吗？是什么？

这种问答式问卷，搜集到的材料丰富、具体，往往能得到许多意想不到的很有价值的资料。但是这类问卷的答案不集中，材料分散，难于对答案进行横向比较，所以不易进行统计处理。

（三）综合型问卷

综合型问卷，又称半定案型，其形式一般以封闭型为主，根据需要加上若干开放性问题。也就是说，将研究者比较清楚、有把握的问题作为封闭性问题提出，而对那些调查者尚不十分明了的问题作为开放性问题放入，但数量不能过多。经调查，在积累一定材料的基础上，问卷中的某些开放性问题就有可能转变为封闭性问题，这也是问题设计时常常使用的技巧。例如：

(1) 您最终学历的所学专业是（　　　）。

(2) 您与孩子的关系：□母子□父子□母女□父女□祖孙□其它＿＿＿（请填写）

不定案型的问卷资料较难处理，但有时在为了得到详细具体的有关指定对象的情况时使用。定案型题目便于量化分析，往往用于标准化问卷。有时在需要时可将各类题目混合在一个问卷中，但为了使调查尽量客观化和便于统计整理，最好较多使用定案型题，较少地使用不定案或半定案题目。

此外，根据不同的标准，问卷的类型的划分也各不相同。

根据使用目的，问卷可分为描述性问卷和分析性问卷。前者内容如家长情况调查表，其目的是了解现状，但并不准备对现状的可能成因作深入的分析；后者则不然，不仅要了解现状，而且要尽可能对成因进行探讨。显然，前者是后者的基础，是后者的重要组成部分；而后者则是前者的深入与发展。

根据填写方式，问卷可分为自填式问卷和访谈式问卷。自填式问卷即人们常见的被调查者独立填写的问卷。访谈式问卷是指由于调查对象没有足够的阅读能力,比如学前儿童或一些文化层次低的人,或者为了督促调查对象认真填写,调查者与被调查者之间采取一个读题和记录,另一个答题的方式进行问卷填写。两者的设计原理相似,但前者设计要求更高,因为对于被调查者不理解的题目没有解释的机会。另外,自填式问卷可以采取匿名形式,但访谈式问卷不能做到这一点。

四、问卷的结构

通常一份问卷由标题、问卷说明、指导语、问题与选择答题、编码等几部分组成。

(一)标题

标题是问卷的研究主题,每份问卷都应该有一个题目,使被调查者清晰、明确地了解研究的中心内容。问卷题目不宜太长,确定题目的原则是鲜明、准确、易于填答者理解。例如,"幼儿教师的阅读状况调查",题目明确告知调查对象和调查内容。

(二)问卷说明

问卷说明,又称封面信,也叫知情同意书。问卷说明主要向被调查者介绍和说明调查者的身份,调查的内容、目的、意义、保密措施、填写要求等。目的是消除被调查者的顾虑,赢得信任,争取合作。如果是邮寄的问卷,还要写明最迟寄回问卷的时间。问卷说明具体内容包括:介绍调查主办单位和调查人员的身份,简要说明调查的目的和内容,承诺对涉及个人隐私内容的调查结果保密,对被调查者的合作与支持表示感谢。问卷说明篇幅应尽量短小,但要言简意赅、真诚详尽,同时要体现出对调查者的尊重,若能体现对调查课题的权威性更好。

(三)指导语

指导语是用来指导被调查者填写问卷的一组说明或注意事项,有时还附有样例。指导语应简明易懂,使人一看就明白如何填写。这部分有时与说明部分合在一起。例如:

尊敬的家长:

您好!首先对占用您宝贵的时间表示歉意!

我们正在做一项调查研究,需要您的大力支持!以下所有问题的答案无好坏、对错、高低之分。我们只追求真实性,请根据您的真实想法填写。下面列举的是当您在生活中与孩子发生矛盾,产生不愉快的时候,可能采取的一些做法。请您认真阅读每一项,然后在最符合您的一个选项上打"√"。非常感谢您对本研究的支持与合作,谢谢!

(四)问题与选项

这是问卷的主体部分。问题是问卷的核心内容,编制的问题要简洁明了,要适应被调查者的文化程度和理解能力,符合研究的目的要求。至于用开放性问题还是封闭性问题,则应根据实际情况而定。采取封闭性问题要按标准化测验的要求设计题目和答案,答案要准确,符合实际,便于选择。

（五）编码

对于样本数量较大的调查，为了便于计算统计、汇总和分类，一般应设立编码栏。编码就是给每个问题及其答案编上数码。编码一般放在问题的右边，编码的序号与问题序号相一致。当然，如果是样本数量较小的调查，或采用手工汇总的调查，可不设编码栏。例如：

根据您的具体情况，在下列合适的数字上画"√"。

（1）您的性别：①男②女

（2）您所在的幼儿园：①公立幼儿园②私立（民办）幼儿园

（3）你的学历：①高中或中专②大专③本科④硕士⑤博士

（4）你的教龄：①1～3年②4～6年③7～10年④10～15年⑤15年及以上

五、问卷法的优点

（1）节省时间、经费和人力，尤其是大样本调查。

（2）避免偏见，减少调查误差。

（3）资料便于定量处理和分析。

第七章 学前教育师资队伍建设

第一节 幼儿职业教师专业能力发展

学前教育是基础教育的根本，幼儿教师作为幼儿教育的主体，其专业能力发展对学前教育质量影响重大。教育部颁布实施的《幼儿教师专业标准（试行）》对幼儿教师的专业能力提出了明确的要求，要求幼儿教师要具备环境的创设与利用、一日生活的组织与保育、游戏活动的支持与引导、教学活动的计划与实施、激励与评价、沟通与合作、反思与发展七个能力。各省市幼儿教师招聘考试以及民办幼儿教师面试中规定幼儿教师必须具备舞蹈、唱歌、钢琴、绘画、讲故事这五项艺体技能。艺体技能也成为幼儿教师专业能力之一。

一、幼儿教师专业能力

（一）基本的艺体技能

幼儿身心发展的特殊性要求幼儿教师必须具备钢琴、唱歌、跳舞、绘画、讲故事等艺体技能。幼儿园的教学活动是围绕五大活动领域开展，包括健康领域活动、社会领域活动、语言领域活动、艺术领域活动、科学领域活动。每一个领域的活动都不是完全独立的，而是逐渐整合，艺体技能在这些领域的活动中的作用就相当于调和剂。

（二）环境的创设与利用能力

这里所讲的环境包括物质环境和心理环境，幼儿教师要具备根据幼儿活动的需要，运用相关的、适宜的活动材料和资源，为幼儿创设安全、可靠、卫生的物质环境以及尊重、支持、舒适的心理环境的能力。幼儿一天中有一半的时间是在幼儿园里度过，正所谓"近朱者赤，近墨者黑"，环境对人具有潜移默化的作用，幼儿园的环境对幼儿健康成长具有至关重要的作用。幼儿教师对幼儿园环境的创设和利用主要表现在对幼儿园的空间、设施及教室的环境进行充分的利用，对活动材料的选择要符合幼儿的年龄特点，为幼儿创造良好的活动与游戏环境。幼儿的心理环境包括通过师生之间、同伴之间的良好发展所创造出的宽松、自由、充满爱心和关爱的班级氛围，以及有利于他们身心全面发展的环境。

（三）一日生活的组织与保育能力

即幼儿教师将幼儿教育贯穿于幼儿一日生活活动当中，并根据幼儿一日生活常规有效的组织幼儿，有序生活以及处理意外事故的能力。幼儿一日生活活动的组织包括入园、晨间谈话、早操、集体教学活动、游戏活动的开展、午餐和午睡的合理过渡、有效组织幼儿离园等。还要对幼儿的身心进行保育，做到保教结合，对幼儿进行安全保育，面对突发的意外事故能够及时有效的进行处理，培养幼儿良好的饮食、睡眠、盥洗、排泄等生活习惯和生活自理能力。《幼儿园教师专业标准（试行）》对这一能力提出了四项基本要求。分别是：能够合理组织幼儿一日生活的各个环节，将教育与一日生活相结合；科学安排幼儿日常生活，与保育员合作，做好保教工作；把握教育契机，进行随机教育；做到保护幼儿，掌握常见事故处理方法。

（四）游戏活动的支持与引导能力

游戏活动的支持与引导能力是指根据幼儿兴趣需要、年龄特点和发展目标为幼儿提供丰富、适宜的游戏材料的同时，支持、引导和促进幼儿从游戏中获得发展的能力。兴趣是幼儿认知发展的原动力，而游戏作为幼儿最感兴趣的活动，在幼儿园中有着重要的地位。教师对幼儿园游戏活动的支持主要表现为能够为幼儿的游戏提供充足的空间和时间，能够根据幼儿的年龄以及幼儿身心发展的阶段要求来组织游戏活动，为幼儿提供丰富游戏材料，做好前期准备工作。幼儿教师对游戏活动的引导是在游戏活动开展的过程中表现出来，幼儿园教育既要尊重幼儿主动性、主体性原则，又要适应社会的要求。游戏活动的结构化程度也决定了幼儿教师的干预程度，低结构游戏活动是根据幼儿自身的兴趣的需要，自由组合、自由选择材料、方式方法和场地的游戏，而高结构游戏活动是以教师制订的计划、目标为依据开展活动，引导方式存在差异，要求教师根据具体游戏活动调整。

（五）教学活动的计划与实施能力

幼儿教师要根据幼儿身心发展的规律和知识能力发展的特点，灵活选择适合的教育内容和组织方式来制订教育计划，有效实施教育活动的设计方案的能力。幼儿园教育教学活动包括活动区活动、方案教学活动、主体教学活动、单元教学活动、整合科目教学活动、单一科目教学活动，其结构化程度越来越高，教师在计划实施这些教育活动时要注意灵活性，调控教学情境的变化，能够根据幼儿的活动反映，及时调整教育教学活动，保护幼儿的兴趣，具备生成课程的能力。

（六）激励与评价能力

幼儿教师根据幼儿的实际情况选择适当的评价方式对幼儿的发展情况作出判断的能力，教师要掌握观察的策略并进行有效评价的方法，通过对幼儿的评价，支持并引导幼儿的发展与学习。对幼儿的评价是一个持续的活动，幼儿教师时刻关注幼儿的日常表现，善于发现，系统地收集有关儿童学习生活的资料，运用多种方式去全面地了解幼儿的成长变化，为评价做好准备。幼儿的思维特点不同于成人，他们天真活泼，有自己的兴趣爱好，有着丰富的想象力、创造力。每个幼儿都是特殊的，幼儿教师要尊重幼儿的个体差异，促进幼儿的个性发展，与幼儿的生活背景联系起来，评价幼儿多采用鼓励、肯定的态度。

（七）沟通与合作的能力

幼儿教师沟通与合作的能力包括三个方面：与幼儿沟通的能力、与家长沟通的能力、与同事合作的能力。与幼儿沟通的能力是指幼儿教师能够运用适合幼儿年龄特点的语言和恰当的表达方式与幼儿进行有效的沟通和对话，与幼儿的沟通除了必要的语言还要求教师要带有丰富的肢体语言，与家长沟通的能力是指幼儿教师采用适当的方式取得家长的理解和支持，共同促进幼儿发展的能力。幼儿最开始接受的教育就是家庭教育，家庭教育是幼儿园教育的基础，这也就决定了幼儿教师必须重视与家长的沟通。与同事沟通合作的能力是指幼儿教师和同事和谐相处、合作交流、分享经验和资源、共同发展完成教学任务，促进幼儿发展的能力。幼儿教师不是孤立的，他们是一个交际群体，幼儿教育是一种群体协调性很强的活动，幼儿的身心发展要求教师相互合作。

（八）反思与发展能力

指幼儿教师着眼于工作中的现实需要与问题，收集分析相关信息。不断对自我及教学进行积极主动探索研究和反思，制订专业发展规划，促进自身发展的能力。新时代幼儿教师接触资源的方式多样化，为教师收集材料进行探索活动提供便利，社会发展教育理念的更新，国家对学前教育的重视对教育教学提出更高的要求，幼儿教师最直接地提升其教育教学专业能力的途径就是对自身教育教学活动进行反思和改进。

二、幼儿教师专业能力培养的策略

（一）国家层面

1. 加大财政

国家政府加大财政投入，为幼儿教师专业能力发展提供物质支持，保障幼儿教师医疗、住房、工资等基本福利待遇。幼儿教师的物质得到了保证，他们才能够没有后顾之忧地去专注于自身专业能力的提升，才会有更多人愿意投身于幼儿教育中来，学前教育专业出身的毕业生才会更多地选择从事幼儿教育事业。学前教育专业的学生都接受过系统的幼儿教育培训，这也在一定程度上保证了幼儿教师专业能力的质量。政府加大对幼儿园的财政投入，国家提供资金，让幼儿园的管理者和幼儿教师没有经济方面的压力，没有后顾之忧地开展相关工作。比如说现在开展的国培活动，给予幼儿教师更多的机会，给予幼儿教师一个沟通学习的平台，取长补短，通过学习交流和自身参与获得直接经验和间接经验，丰富幼儿教师的教学思想；而且国家提供机会和资金，幼儿园的管理者和幼儿教师不用担心资金的问题，能够更好地发挥幼儿教师的主动性，提升活动的效率。

2. 完善教师资格认证制度

教师资格制度，是在一定时间的历史条件下，国家对从事教师职业或者教育教学活动人员所应具备的条件或身份的一种强制性的规定，是国家对教师实行的法定职业许可制度。幼儿教育是基础教育的基础。幼儿教师作为教育的主角对幼儿教育的质量起着至关重要的作用。因此，政府部门要严把关，想要从事幼儿教育的人员必须获得幼儿教师资格证，从源头把关。教师资格证要设置有效期。促使幼儿教师持续不断地提高专业能力，社会快速前进对幼儿教师专业能力发展提出更高的标准，幼儿教师资格终身有效不利于幼儿教师专业能力的提高，因此要对幼儿教师资格的有效期加以限定。通过限定有效期，使幼儿教师拥有专业提升的压力，幼儿教师也会主动寻找有效途径来提升自身的专业能力。根据具体情况，制订合理的幼儿教师专业能力考核标准，重新对其专业能力进行考核，使幼儿教师的专业能力的发展得到保证。

（二）幼儿教师自身方面

1. 主动寻找实践机会，提升自身专业能力

学前教育专业的实践性很强，学前教育专业的学生是学习提升的主体，要积极主动多途径的寻找实践机会，通过实践了解幼儿园对幼儿教师专业能力的具体要求，有目的有计划地提升自己。作为学前教育专业的学生，要培养自己对本专业的兴趣和热情。做好学习规划，根据规划实施，并根据具体情况适时调整。在校期间的学习包括艺体技能的学习，教育教学理论的学习，以及学校统一安排的实习、见习活动，这也就要求学前教育专业的学生统合三者，根据自身具体情况，最大化地将其吸收。艺体技能的学习除了靠学校统一安排的课堂教学外，还要利用课余时间，加强技能练习。通过实践所获得的经验要与理论相结合起来，否则理论将会空洞乏味，毫无创新。另外还要注意通过多种途径来充实自己，各高校都拥有丰富的图书资源和网络资源，因此学前教育在校生要好好利用这些资源，让自己在学习中具有主动性、开放性，从而为自己的全面学习创造一切可能的条件；也可以通过参加比赛，参加活动，和同学切磋，与教师交流，参与各种知识技能大比拼的活动来使自己的专业能力得到整体提升。

2. 提高专业认同感，加强幼儿教师之间的沟通合作

教师对本专业的认同感是在不断地进行教育实践，与学生进行沟通交流的过程中发展起来的，教师专业能力的发展首先就是要建立专业认同。新手教师的职业认同感与所处的环境分不开，幼儿园要给刚入职的幼儿教师更多关心，新手教师自己也要主动与其它教师进行交流，教师的职业认同包含了他们对一个职业团体成员的认同。新手教师要积极参加园内的活动，熟悉幼儿园环境，要多听专家教师的课，多与专家型教师、幼儿园领导沟通交流，增强职业归属感。教龄长的幼儿教师经验丰富，幼儿园要鼓励他们对工作经验进行总结，主动帮助新手教师。在沟通交流的过程中，新手教师能够有效地发现自身存在的问题，吸收同伴的优势，促进专业能力提升。

3. 正确释放幼儿教师压力

幼儿教师的情绪包括正向情绪和负向情绪，要发挥正向情绪的积极作用，释放幼儿教师的负面情绪，幼儿教师的负向情绪是幼儿教师生活以及工作压力的外在表现，是压力的外向显示途径。幼儿园要给幼儿教师提供多种情绪释放的渠道。例如，为幼儿教师建立心理咨询室、情绪放松室和发泄室让幼儿教师的压力有合适的释放渠道，以此帮助幼儿教师调整自身情绪，让幼儿教师能够以做好的状态面对幼儿、开展工作。同样，幼儿教师自己

也要学会情绪释放，选择适宜自己的方式，让负面情绪得到有效地释放。有些教师可以通过听歌、散心、郊游释放压力。

第二节 幼儿教师的职业适应

新教师也称"新手教师""初任教师""新任教师"，主要是指刚从学校毕业，已取得国家认定的教师资格并受某所幼儿园聘用，能负担起幼儿教师的责任，工作年限为0~3年的教师。职业适应是人的社会适应性的一个重要方面，指在积极的职业价值观的指导与统率下所形成和维持的职业心态、职业能力、职业关系等与职业劳动及其环境之间的和谐状态。幼儿园新老师职业适应是指从学习者到教学者的转变，也是教师个人职业成长的全过程。这一过程复杂且有规律性，是个人通过自我教师形象的构建和改进，也是获取和学习适用于特殊环境下教学的工作知识、技能以及价值观念持续完善的过程。幼儿教师队伍成长关键在于幼儿园新教师是否能够顺利度过职业适应期，随之跨入专业化水平。

一、幼儿园新教师的职业心理适应

心理适应是个人在新的处境中进行心理调适，使自身与周围处境的变化相融合的过程。个人对工作的满意度是心理适应程度的指标之一。如果对自身职业不满，教师自然会情绪消极低落、心理适应不良，无法全身心地投入工作。新教师在进入幼儿园时首先要进行角色转换，由学生这一简单的角色向教师的多重角色转化，要承担的责任和压力更大。教师在工作中要有提高的自我效能感，即相信自我，坚强耐挫折，能日复一日地完成幼儿园艰辛又繁琐的工作。

二、幼儿园新教师职业适应问题的解决对策

（一）发挥新教师职业适应的主体作用

1. 树立自主学习意识

入园新老师树立自主学习意识，利于形成独有的教学方式，提升自我，促进专业发展，是实现职业适应的不二之选。一方面，新教师可以选择构建有意义的学习范式，根据自身学习特性，把新经验内化为个人知识，并将知识运用到教育实践进行知识的再构建学习；另一方面，新教师要对自己周围的教育对象和教育现象进行思考，和其它教师一同探讨现象背后的本质，大力开展教育研究活动，发现解决个中难题。

2. 提高自我反思能力

在入职初期，新教师要面对教育教学工作、环境适应等问题，新教师要加强锻炼自己的意志力，去面对解决每一个困难。新教师要在每一件的教育事件中，进行反思和调整，坚持完善自我。新教师要及时通过幼儿对课堂教学的反馈来调整教育方式。在每日工作结

束后，总结记录自己在教育活动和组织管理中收获的经验和遇到的难题，找出自己的短板，以寻求更好的解决方式，在教育实践中不断进步。

(二) 幼儿园提供有效支持

1. 营造和谐的人际关系氛围

幼儿园内和谐的人际交往氛围能促进教学目标的形成，还能消除一定的幼儿园教师的离职率，加快新教师向专业型教师转变，提升教育水平。幼儿园应该营造一个和谐、友好、积极的人际关系氛围，让新教师乐于融入其中并积极工作。园长应该充分信任、尊重、帮助、鼓励新教师，对于新教师的主动交流给予积极配合回馈、解答疑难，让新教师在新的环境中也有安全感归属感。园长在工作中也要不断提升管理水平，扬长避短、提优补差。同时，园长要清楚地了解各位老师的特性，合理分配工作，人尽其才，使幼儿园内的人力资源得到有效配置

2. 实施有效的"师徒制"

在幼儿园，培训新教师最常用的方式就是"师徒制"，即指导教师带新教师，指导教师发挥着"师傅"的作用。

①幼儿园应该制订科学严格的制度来规范指导教师的挑选，筛选出专业能力强、经验丰富、具有高度责任感和沟通能力的教师来担当指导老师，以保证教学老师队伍的力量。

②在将指导老师和新老师分配的时候，应该从多方面考虑，并尽量遵循双向选择的原则，让师徒的结合不是简单的一加一等于二，而是教育理念、教育行为、个性特征等的互补碰撞。这样便于指导老师和新教师建立和谐的关系，更好的合作。

③要制订能切实提高师徒制效果的措施，例如，制订成长计划和考评制度，使教师明白听课、评课的安排和要求；定期开展新老教师分享会；对新教师周期性地进行理论和实践的评测考核，以通过量化的积累达到质的提高。

3. 推行科学的新教师评价制度

科学的新老师评价方式利于新教师客观认识自己的优势与不足，加快专业发展。幼儿园作为新老师强有力的后盾，需以老师的职业成长为目标转变教师评价模式，参照《幼儿园教师专业标准（试行）》《幼儿园教育指导纲要（试行）》《幼儿园工作规程》等规章条例，对教师进行更为科学的、进步性的考核。应由传统的重结果、重奖惩变为重过程、重发展的评价模式；同时应丰富教师评价人群，将教师自评和他人点评有机结合。

(三) 政府给予有力的政策保障

1. 提高新教师培训经费使用的有效性

(1) 根据学前教育现有资源，制订新任教师分步培训战略。并在政策和法律层面对培训战略的可行性进行评估。

(2) 通过政府举办和政府购买服务等方式，落实新教师培训的资金来源、投入方式、管理监督机制等政策细节，从而在确保公共资源使用科学性和有效性的同时，实现新任教

师培训计划的预期目标。

（3）建立监督评估体系，对资金获得、使用、效用加以监控；同时加强政府主导的监管作用，保证规范、科学、有效地使用这一专项资金。

2. 健全幼儿园新教师的入职教育制度

相关部门应重视入园新老师职业初期教育的必要性，并出台相应的法律法规，设立专门的监管机构和人员，从法律层面将新教师的入职教育落到实处。

3. 构建幼儿园新教师职业生涯发展一体化的支持体系

开展幼儿园新教师入职教育、在职培训以及其它形式的进修学习应是环环相扣、缺一不可的完整体系。可以在高等院校开设幼儿园新任教师培训的函授、远程教育等课程，安排学校的专业教师为新任教师担任导师，导师可以根据新教师的具体情况量身定做个人规划。如此不仅可以满足教师个性化发展，还能有效提高新教师的综合素质。这个计划的实行必然少不了教育行政部门的大力支持与实施监督，如加大对幼儿园以及高校的财政投入，并定期对新任教师及其导师进行相关业务评估，以保证教育培训的效果和可持续性。

第八章 学前教育教师专业发展

第一节 教师专业发展阶段与特征

学前教育教师专业发展贯穿学前教育教师职业生涯的全过程。专业发展是一个非线性的过程，其中包括了多个不同的阶段，不同的阶段有不同的发展特征、速度和侧重点。

一、学前教育教师专业发展阶段的划分

学前教育教师专业发展可以划分为六个动态阶段：

第一阶段：接触——专业迷茫阶段（职前学习期）。在职前对学前教育专业的系统学习中，逐渐了解职业特点，对职业前景产生期待，但对如何成为专业人员、胜任专业工作感到迷茫。危机集中在学生是否喜欢该专业，常导致学生学习态度和行为的分化，表现为是否积极学习专业课程并对职业前景充满希望。

第二阶段：进入——激情适应阶段（入职0～2年）。这时期的教师刚刚步入工作岗位，对工作中的任何事情都充满着好奇和新鲜，工作热情高涨、精力充沛、对事业抱有美好的向往。但是，这时期的教师也承受着巨大的压力，教学的第一年通常也是教师转向成人世界和自己承担一切责任的时期，需要自己进行调整来适应工作给生活带来的变化。

第三阶段：熟悉——成长选择阶段（入职3～5年）。这时期的教师经过了几年的教学实践，能熟练地处理工作上的问题，已经学到一些处理教学事件的基础知识和一般流程，同时会整理并巩固在前一阶段所获得的经验和技巧。

第四阶段：熟练——平稳胜任阶段（入职6～9年）。在这个阶段，教师的工作能力已经达到较高的水平，专业能力还在继续进步，对工作也充满热情，有高度的工作义务感和满足感。这个时期的教师基本上已经拥有稳定的家庭环境，能较好地处理工作和家庭的关系。另外，这个时期的教师善于处理教学中的人际关系，与同事、领导、幼儿、家长以至社区都能保持良好接触。

第五阶段：习惯——发展乏力阶段（入职10～15年）。在这个时期，一些教师对日复一日的教学工作渐渐失去了乐趣，部分教师（特别是那些没有获得正式编制且入编无望的教师）会在这一阶段选择离岗。但是也有一部分学前教育教师已经走上领导岗位，工作有了新的挑战，面对挑战，他们对工作产生新的乐趣和热情，这对学前教育教师避免职业倦

息也有着积极的作用。

第六阶段：成熟——职业融入阶段（16年以上至退休）。安然度过职业倦怠期的教师，会认同自己的教师角色、确定自己的专业定位，并越来越把这种考核活动作为自己生活和人生不可或缺的组成部分。教师中的优秀人员，会追求对教学工作的更高目标和对专业活动的更高感悟，以达到更高的专业境界。随着人员逐步接近退休年龄，能否"老"有所为而获得积极的价值实现，成为这一阶段教师的注意中心。

二、学前教育教师专业发展阶段的特征

（一）学前教育教师专业发展存在着连续性和阶段性

学前教育教师专业发展是一个连续的过程，源自专业学习及入职适应期，终于以退职、退休为标志的职业消离期，其顺序大体是固定的，从新手到专家，从渐进性的量变到跃进性的质变，表现出若干个连续的阶段。在不同的阶段，教师专业发展的动力或者说主要矛盾有所不同，这导致了专业发展阶段性的产生。可以说，教师专业发展既有阶段性，又有连续性。在看到教师专业发展阶段性的同时，必须看到它的连续性。下一阶段的一些特征在上个阶段末尾已开始萌芽，而上一阶段的一些特征在下一阶段开始时常常还留有痕迹。就同一发展阶段说，开始和末尾也是有很大变化的，不应把各发展阶段的划分看成是绝对的、无联系的或突变的。

（二）学前教育教师专业发展表现为非线性和上升性

如果把教师专业发展其视为一条登山的蜿蜒"长路"，可看到它呈螺旋上升状态，但即使是上升的坡度，在总体上升的同时，也会有平路，甚至有转折、下行道路夹杂其中。学前教育教师在以新手—入门者—胜任者—熟练者—专家的顺序发展过程中，往往不是一帆风顺的，而是曲折往复的。除外界的不利因素外，焦虑、职业倦怠、高原期现象等心理问题也会时时困扰着教师。环境的剧变，在带给教师大量发展机遇的同时，也带给教师诸多烦恼和挑战，使学前教育教师专业发展在上升通道中出现波动和暂时的后退。

（三）学前教育教师专业发展阶段划分具有普遍性和特殊性

对学前教育教师专业发展做六个阶段的划分，是鉴于其专业发展的总体顺序，是固定的、呈阶梯形的；各个阶段的主要矛盾和基本特征是固定、可预测的。但时代的发展，经济社会文化条件的变化，特别是学前教育形势的改变和教师岗位聘用制度的改革，会深刻地影响教师群体专业发展道路。在不同社会文化背景中、不同区域中，学前教育教师专业发展阶段的划分也会有相应的变化，应通过不断的验证，来修正上述阶段划分模型。

（四）学前教育教师专业发展阶段特征具有稳定性和个体差异性

上述六个阶段的划分主要是对学前教育教师群体做出的，即从一般意义上做了共性和概括的描述。各发展阶段特征的描述符合多数教师的总体发展状况，具有相对的稳定性。

但对某一位特定的教师而言并不具有必然的适用性和针对性。在现实中，一位学前教育教师的专业成长是一个复杂的、具有个体差异性的过程，这个过程是在外部社会因素影响下，通过教师自身内部不断完善、更新、探索而不断向前延续和拓展的，并伴随教师整个的教育职业生涯。职前受训情况的不同，职后成长环境的不同，个人努力程度和发展策略的差异，决定了其各阶段的发展特点带有鲜明的个人色彩。

（五）学前教育教师专业发展阶段划分与个体成长具有关联性

一旦教师开始了自己专业生涯的第一步，就应该将这项计划与最初的职业梦想一同进行下去。教师应基于不同发展阶段的特征，选择做恰当的事情。在勤奋努力的前提下，不断地尝试各种新的想法，敢于冒风险，敢于向困难挑战而不贪图安逸，这样才能成为一名优秀的专业教师。当然这种冒险不是盲目和狂妄，它要求教师具有坚实而深厚的知识和技能基础，拥有坚毅的自信心和积极的自我价值感。在教学中，要努力使自己成为一个反思型的实践者，并使这种思考成为职业生涯的一种习惯，应经常有意识地对自己的教学行为、实践活动以及教学的有效性进行回顾、重建和重现；对自己的行为表现和儿童的行为表现能用事实进行批判性的分析与解释；或者坚持每天写点工作日记，就个人参与儿童成长活动当中的所见所想及一些儿童发展中的问题，尝试做些观察研究。这些反思有助于平衡自己的心态，激发"热爱儿童"的深厚情感，坚定个人的专业信念。

（六）学前教育教师专业发展阶段特征与群体管理

要注重针对不同发展期的教师做分类指导，满足不同阶段教师的发展需求。例如，对职前学习期的后备师资来说，要着重帮助他们解决专业定向问题；对新手教师来说，要着重帮助他们解决职业适应问题；对处于第三阶段（熟悉——成长选择阶段）和第五阶段（习惯——发展乏力阶段）的教师来说，要着重帮助他们解决职业倦怠问题等。园长及学前教育教师管理人员，应该为教师制订促进专业发展的培训计划并切实执行，例如，帮助新教师掌握课堂成功所必需的技能、技巧，辅导他们处理课堂管理、时间安排、人际关系等方面的问题；通过组织学前教育教师参加园内外的观摩活动，促使教师之间相互交流观点和经验；通过召开家长会，让教师与家长倾心座谈，相互询问，交换意见和看法，利用社会资源改善自己的教学，加强家园联系；经常组织理论学习，参与专业团体的交流和讨论，使教师自身的发展与学前教育专业的最新发展相一致，不断提升教学技能。

第二节　教师职前的培养体系创新

一、教师培养目标确立的依据

纵观世界高等学校发展的历史与现状，教师培养目标的确立主要考虑国家的有关教育方针政策、学习者的个体发展需要和社会发展需要等因素。

（一）我国学前教育事业快速发展的要求

近年来我国学前教育事业正处在快速发展时期。2003年，国务院批准并转发由教育部等九部门制订的《关于幼儿教育改革与发展的指导意见》，提出了此后5年全国学前教育事业发展的总目标，即学前三年儿童受教育率达到55%，学前一年儿童受教育率达到80%，大中城市普及学前三年教育。2010年颁布的《国家中长期教育改革和发展规划纲要（2010—2020年）》强调积极发展学前教育，到2020年，普及学前一年教育，基本普及学前两年教育，有条件的地区普及学前三年教育，重视0～3岁婴幼儿教育。随之而来的是我国学前教育教师的社会需求量、需求类型的急剧增加，学前教育教师的培养质量要求也在不断提高；同时，包括高等职业学校在内的高校纷纷创办学前教育专业、扩大学前教育专业的规模，学前教育的发展遇到了前所未有的机遇。

培养目标的合理性和培养规格的准确性是确保学前教育教师培养质量的重要保证。学前教育教师培养目标的确立要体现出快速发展的学前教育事业对高质量的学前教育教师的需求，但要避免因为规模的扩大而影响质量的提高；同时，培养目标应突出分层分类培养发展趋势，保证不同高校人才培养的特色与优势。

（二）学前教育格局变革的要求

近年来，我国教师教育发展的格局不断发生变化，正在由三级师范向二级师范过渡，其发展趋势必然是教师教育的一体化，即未来基础教育所需教师由高师学校培养，取得教师资格并获得大学本科学历文凭。学前教育教师也是如此。从世界各国学前教育发展的情况来看，学前教育教师的学历标准都在提高，越来越多的国家要求幼教专业的入学新生必须具有高中毕业水平，学前教育教师必须具备大专甚至大学本科以上学历。在这样一种形势下，我国各地的幼儿师范学校通过并入高师学校，或创办专科教育，或改办其它层次、性质的教育等途径，结束了中专学历的幼儿教师的培养使命。教师教育的这一发展趋势要求高校学前教育专业必须审时度势，进行科学的办学目标定位。

（三）学前教育专业毕业生就业自主化、多元化的要求

学生的职业理想是学前教育专业培养目标定位的现实依据之一。进入学前教育专业学习的学生，其职业理想并不完全相同。有些学生因为喜欢孩子而选择了学前教育专业；有的学生因为喜欢从事幼儿教育而选择了学前教育专业；也有的学生对与学前教育关系密切的职业感兴趣，因而选择了学前教育专业；还有的学生只是为了获得高等教育的"入场券"而选择了学前教育专业。学生选择学前教育专业的职业理想及其它动机应在学前教育专业培养目标中体现出来。高校毕业生的市场化就业机制为大学毕业生的自主择业提供了自由空间，也带来了就业的不确定性，从而导致了学前教育专业毕业生就业方向的多元化。以就业为导向的学前教育专业人才培养，在修订专业培养目标时必须考虑学生就业的

可能空间。

二、教师培养目标的调整

目前，我国学前教育事业处在发展的重要时期，这就要求我国各级各类相关院校都应承担起培养学前教育教师的重任，在制订培养目标时都应将培养学前教育教师作为首要的、基本的目标，在这个基础上再根据各级院校的实际情况制订适当的人才培养目标。

（一）明确人才的培养方向

专业培养目标的基本内容之一是培养方向。培养方向指明了某一专业培养的人才所对应的职业种类，如教师、医生、律师等。

目前，幼儿师范专科学校和高职院校在教育改革过程中积极创办学前教育及其相关专业，成为我国培养学前教育教师的主要力量之一。专科层次院校在人才培养过程中应体现出"面向市场、定位细致、特色明显、强调实践"等办学特点，学前教育师资的培养要注重未来岗位定向，体现出对不同类型学前教育师资的需求，如幼儿教师、早教师资、健康保健师资、幼儿英语师资、幼儿艺术师资、心理咨询师资等。而师范专科学校在设置专业时往往从学科分类出发，既体现人才培养的师范性，又体现其专业性。不过，随着面向市场办学目标的逐步明确，为了增强人才培养的就业适应性，师范专科学校开始借鉴高职面向市场、定位细致的特点，二者在培养方向定位上的差异逐渐消失。

高师本科学前教育及相关专业由于有较强的师资力量支持和丰富的教师培养经验，其培养的专业人才职业面向广泛，主要是培养幼儿园教师、科研人员、管理者，还包括小学学前班教师，少年宫的儿童教育工作者，社区早教服务中心的教育工作者、保育员，与学前教育有关的文化产业（如影视、报刊、网络、出版、图书馆等）的从业者，地方教育行政部门的幼教管理人员，地方科研部门的幼教研究人员，亲子园（或中心）的教育工作者，社区服务机构和计划生育部门及妇女儿童工作的相关人才，地方妇幼卫生保健机构的工作者，家政服务人员等。

从学前教育教师培养机构的教育层次来看，师范专科学校培养的人才覆盖面较窄，主要是培养幼儿园教师；高职院校市场结合度高，所培养的人才就业岗位覆盖面较宽；高师本科学前教育专业办学所培养的人才覆盖面最广泛。总体来看，高校学前教育专业人才培养应该以幼儿园师资为主。

（二）规范人才培养的类型

专业培养目标的基本内容之二是人才培养的类型。类型指明同一类专业中不同人才在实践使用过程中的差异，一般可以分为培养理论型人才和培养应用型人才。不同的学前教育教师培养机构需要综合考虑市场需求、学科发展、自身办学条件等，以确立所培养人才的类型。

从我们国家的实际情况出发，应用型人才可以分为两类：一类是本科以上高等教育机构培养的通用型人才，主要是按学科来设计专业；另一类是高等职业技术教育机构所培养的岗位技能型人才，主要是按岗位来设计专业。就目前我国学前教育专业培养目标的类型定位而言，高职院校、师范专科应坚定不移地将自己的专业办学锁定在应用型人才培养上，两者的差异体现在对应用型人才具体类型的认识及定位上。普通本科院校的学前教育专业需要实现人才培养类型的转变，即从以培养理论型人才为主、应用型人才为辅，向培养应用型人才转变。这是因为我国处在现在二级师范教育时期，由于教师教育的一体化改革，学前教育事业的壮大，研究型人才培养的扩张，中职所需教育学、心理学教师已经饱和甚至过剩，即使需要也是由研究生学历的人才来补充。从事学前教育事业管理及研究人才学历的不断提高。由此导致了高师本科学前教育专业的培养目标重心下移，即今后高师学校主要按学科来设置本科学前教育专业，所培养的人才主要是在学前教育领域及相关机构从事教学、管理、研究的通用型人才。

学前教育教师培养已呈现多种格局，且层次化明显，包括中专、大专、本科以及研究生教育等四种。从纵向上看，有不同的学历层次，如五年制、三年制大专，培养应用型人才；四年制本科、研究生层次，培养理论型和研究型人才等。从横向上看，有不同专长的学前教育专业人才，如英语教育类、艺术教育类、体育类等。这使学生在全面发展的基础上，能够学有所长，充分发展个性，同时也适应幼教事业发展的需要。

（三）细化人才培养的规格与要求

专业培养目标的基本内容之三是规格与要求。规格与要求指明某一类专业培养的人才素质，主要体现在思想品德要求、业务要求与身体要求三个方面。就学前教育专业而言，每个学校的人才培养方案或教学计划都详细规定了本专业的人才培养规格与要求。纵观许多学前教育专业的人才培养方案，专业培养目标在规格与要求方面的描述大同小异，层级差别、学校类型差异并不明显，需要准确界定。

首先，人才培养的规格与要求要有层级差别。高职高专、高师本科都培养学前教育专业方面的应用型人才，但它们之间既要有类型差异，又要有层级差别。就应用型人才的层级差别而言，身体素质、思想品德素质要求在各级高校之间应该无明显差异，但是业务要求应该有明显区别，即不同学历层次的学前教育专业所培养的学前教育教师在知识结构、能力结构和素质结构等方面的要求应该有程度上的差异，否则，人才培养规格与要求的雷同会导致高职高专学前教育专业、高师本科学前教育专业失去各自的办学特色、人才培养目标落空。但无论是高职高专学前教育专业，还是高师本科学前教育专业，在人才培养规格与要求上都应强调人文素养和师德的培养与熏陶，这是将来成为一名合格学前教育教师和专业发展的基础。

其次，人才培养的规格与要求应该有学校类型差异。由于不同学校的教学基础、办学特色和学术积累的不同,在人才培养的规格与要求上除了体现一些共性的要求外,学前教育教师培养目标的定位在不同的院校也应该有所区分,应建立具有多层次的、具有各自特色的培养目标。原有的三级学前教育格局形成了自己的办学特色,初级学前教师教育重视所培养人才的艺术技能素养,高师重视所培养人才的教育专业理论素养。随着学前教育教师教育的二级化,高职高专在学前教育教师培养上突出职业技能素养,高师本科学前教育专业既要突显高师专业理论素养高的特点,又应该注重所培养人才的专业技能与实际能力。

第三节 教师职后培训模式的创新

教师培训模式是在一定的培训理念支撑下,为实现特定的培训目标,选定合理的培训内容,组合优势培训资源,通过一定的培训策略来对培训对象施加影响,且不断扩大影响而形成的较为固定化的操作范式。从一定意义上讲,培训模式是理论和实践的中介,是沟通理论与实践的桥梁。培训模式往往会影响培训内容的吸收程度,决定培训结果的质量。当今世界教师培训的主流趋势是教师通过培训走向教育实践,在实践中引领教师专业化发展。在这种情况下,构建适应时代特色和实际需要的培训模式是当前幼儿教师培训的重要课题。

一、教师职后培训模式

作为教师培训的重要一环,丰富而有效的培训模式在一定程度上有助于提升教师培训的效果,能较好地满足广大教师的理论需求、实践需求和心理需求。教师培训总是在一定的培训模式下运行的,因此,只有借助于一定的培训模式才能实现既定的培训目标。

(一)幼儿教师职后培训常见模式

20世纪80年代以来,幼儿教师培训的实践已形成了多种较为固定的培训模式,这些模式有其不同的产生背景、特点和适用条件,并以不同的变式在实践中延伸。总体而言,这些培训模式都迎合了特定的培训理念和培训目标,故都有其合理性,也产生着各自的效益。目前,幼儿教师培训的常见模式如下。

1. 知识传授模式

知识传授模式是师范院校、教育学院、教师进修学校等培训机构统一组织开展全员集中培训中经常采用的一种培训模式,它常常由培训机构根据参训教师的特点和共性需求确定培训内容。这种模式的培训目标主要为了提高幼儿教师的理论素养,完善他们的知识结构,以更好地承受知识更新的压力。培训内容以本体性知识为主,以新的教育理论、幼教前沿知识和其它应急知识为主要模块。因此,其最大特点是以学科为中心,以知识为本位，以讲授为主要方法。

知识传授模式在适应急需提升幼儿教师理论素养、拓宽知识结构、把握学前教育课程改革理念等需求方面，收到了较好的效果。这种模式较强地体现了培训的权威性，能够向培训对象发出强有力的心理暗示，从而扩大培训影响，坚定执行信念，而且培训人数不受限制，可以在短时间内传递大量的信息，因而比较经济。

2. 研训一体模式

所谓"研训一体"，就是重新思考教研和培训的功能定位，改变思路与方式，将教育教学问题解决和教师专业发展目标有机结合，将教师培训内容定位由"以学科为中心"变成"以问题为中心"，通过对问题解决的经历和反思，获得对自己、对专业活动的理解，发现其中的意义，实现新的专业成长。它是我国教师培训机构从实践中创造概括出来的一种培训组织模式。

"研训一体"最初是指教研机构与培训部门结成伙伴关系，针对一个地区某个时期教学研究中的突出问题而开展的教学研究一体化的行动。进入20世纪90年代以来，研训一体、合作研究已成为一种国际的潮流。研训一体已发展为教育科研机构和培训部门、大学和中小学幼儿园结成伙伴关系的新形式。

研训一体培训模式凸显理论与实践的有机结合，关注幼儿教师情景性知识的获取与应用，关注幼儿教师教学实践中的热点、难点问题。因而，它的最大优势是：①在内容上，研训互补。"研"是从问题出发，以研究完成问题的解答为目的；"训"是从主体的发展出发，从促进幼儿教师专业发展出发，通过多元化的形式提高教师素质。②在形式上，研训结合，采用辅导、研讨、交流、观摩等研训形式，体现了儿教师"成人""在职"等的培训特点。③在实效上，研中有训，训中促研，可以为一线教师解决实际问题，达到培训的目的。

3. 园本培训模式

20世纪末，在促进教师专业发展的时代潮流中，园本培训在我国生根发芽。所谓"园本培训"是以幼儿园为培训基地，在上级培训机构的指导下，以教师为主体，充分利用园内外培训资源，直接服务于幼儿园，服务于教师，服务于教学的培训活动。这种培训模式的培训目标定位为提高教师自我学习的能力、自我发展的能力，并以此驱动教师群体的发展，从而实现幼儿园的持续发展。园本培训内容一般以幼儿园教育教学实践中的问题为中心，可以涉及教师个人发展和幼儿园发展的方方面面，通过专家讲学、师徒结对、自学指定图书课题研究或学术沙龙等方式进行。由于园本培训是基于幼儿园的需求，基于教师的自身需求，所以有着极强的培训内驱力。培训资源、培训内容源自教师和幼儿园，培训利益服务于教师和幼儿园，所以，培训重心的前移，培训自主权的下放，培训内需的被关注，成为园本培训模式的最主要特点。

4. 网络培训模式

网络培训顺应了信息化时代教师培训的发展趋势，将成为今后教师培训的主要手段和主要模式。网络培训主要是利用现代化的教学手段培养幼儿教师自主定向学习的能力和应用信息技术的能力，激发教师投身教育教学改革的热情。从近几年的网络培训实践来看，网络培训打破了培训的时空限制，使教师培训更加灵活化和富有时代性。同时，培训资源来自专家和优秀教师的合作共建并经过充分的论证，全体教师可以公平共享。再有，网络培训快速传递了各类教育信息，且形式多样。因此，科学严谨、权威、自主、公平、便捷、安全成为网络培训模式的特点，也是较之其它培训模式的优势所在。

（二）对幼儿教师职后培训模式的再认识

1. 培训模式应是多元并存的

每一种教师培训模式都有其自身的"语言"，有其自身的优势与劣势，它们分别在不同方面和不同场合发挥着促进幼儿教师专业成长的作用。现实问题是，人们往往会因为一种培训模式的劣势而无视它的合理性，而将其劣势放大；也往往会因为一种培训模式的优势而张扬它的价值，将其优势夸大。其实，幼儿教师培训模式的产生总是基于一定的历史背景和与之相应的培训任务，并与社会经济发展水平、教育发展水平、教育需求及教师的自我发展需求密切相关。例如，在以现代知识为中心的时期，知识本位促成了知识传授型培训模式的盛行，被培训双方所默认，并成为主流。在"后现代知识"时期，学生对教师、教师对培训者进行知识反哺成为事实，加上实践性知识、教师职业化、专业化被高度重视，催生了研训一体、园本培训、网络培训等培训模式。由此可见，在不同地域、不同时期教师培训有其主流模式，但不是唯一的模式。因为不同的教师培训模式有较突出的时代性特征，并且都是对培训环境的挑战所做出的必要回应，所以，任何模式都不能替代另一种模式的本身功能，教师职后培训模式应是多元并存的。

2. 培训模式需要不断的完善与融合

如何在扬弃中完善培训模式，在冲突中整合培训模式的优势，建立系统的适合不同情景和需要的培训模式，有效促进幼儿教师的专业成长，是培训模式创新的关键。就目前的培训现状而言，理论与实践的问题、培训任务的完成与培训的持续发展问题、工学矛盾、经费短缺等，已成为普遍性的问题，成为制约培训效益的最主要瓶颈。突破这些瓶颈唯一的出路在于整合各种培训模式，在不断扬弃中实现培训模式的完善，在持续冲突中实现培训模式的融合。

二、教师职后培训模式创新的出发点

在教师专业发展的要求下，教师培训必须要充分认识教师身份多元性和教师需求多样性，将教师作为"教育人""社会人"的多元角色纳入培训视野，尊重教师意愿，理解教师需求，调动教师的能动性、积极性，鼓励教师表达个人诉求，支持教师在交流、互动、探究、实践、反思中达到专业技能提高与教师自我完善的统一。这种人性化的培训价值取向将引发幼儿教师培训模式的不断变革，成为培训模式创新的依据。

（一）立足当前与着眼未来相结合

"立足当前"指培训要着眼于解决幼儿教师当前迫切需要解决的问题，如一些幼儿教育理念问题、幼儿园集体教学中的策略方法问题、幼儿一日生活管理问题等。它可能是一些细小的问题，也可能是一些宏观的问题。本着解决问题的目标，培训者要通过问卷、访谈、座谈、观察等多种方式开展需求调查。在广泛深入的需求调查基础上，进行教师作为学习者的特征分析和学习需求分析，在此基础上精心设计培训方案。

"着眼于未来"，一是指培训内容包括教育教学理论和学科教学改革的最新研究成果、前沿动态和发展趋势；二是要教会教师思考问题、解决问题的思维方式。如果立足当前的培训指的是授给教师"渔"的话，那么解决问题、思考问题的方式则是"渔"，通过"授之以渔"，来促进教师可持续发展的能力，实现"助人自助"的目的。

（二）理论与实践相结合

没有理论的实践培训，往往会导致教师知道怎样做，但不知道为什么这样做的结果。这样会使教师在教学实践中遇到问题后不知道如何解决，只是盲目地模仿或等待专家手把手地教；如果教学情境一变，又不知道怎么做了，反而抱怨专家只知道"纸上谈兵"。所以在培训中一方面要发挥专家的专业引领作用，给教师传授教育教学理论；另一方面要注意理论的传授不能脱离教学实践，在培训中要注意将理论建立在教学案例的基础上，通过活生生的教学情境来解读理论。

（三）共性与个性相结合

共性与个性相结合就是说，教师培训既要解决教师普遍存在的问题，满足他们对于专业成长上的共性需求，同时也要考虑教师的个别差异。在教师培训中，参与培训的教师在知识经验背景、教育教学能力以及个性心理特征方面都存在巨大的差异，教师培训不可能都按照同样的要求进行，所以针对不同需求、不同发展特点的教师的培训显得非常重要。同时，不同成长阶段的教师对自身发展的需求也会不一样，因此，必须构建针对不同发展阶段的教师培训模式，依据培训目的和任务，精心设计不同类别、不同层次的模块化的培训内容，采取不同的培训方式。

参考文献

[1] 冯永刚,刘浩. 学前教育[M]. 济南:山东大学出版社,2009.

[2] 蔡捷. 幼儿体育生态系统构建研究[D]. 济南:山东大学,2021.

[3] 黄翌. 浅谈大学学前教育专业音乐课程的探索与改革[J]. 各界,2020(6):117-117.

[4] 林艺. 城乡4-6岁幼儿情绪表达规则认知差异研究[D]. 桂林:广西师范大学,2021.

[5] 苏卫涛. 高职学前教育专业学生职业核心能力培养研究[M]. 长春:东北师范大学出版社,2017.

[6] 马雪琴. 中职学前教育专业学生音乐素养提高的方法[J]. 文理导航,2020(4):87-87.

[7] 吉石阿生. "一村一幼"背景下凉山彝族地区幼儿体育课程发展现状研究[D]. 成都:成都体育学院,2021.

[8] 陈秋珠,郭文斌. 学前教育研究方法[M]. 四川:西安交通大学出版社,2017.

[9] 陈笑颜. 成果导向高专学前教育专业教法课程整合研究[J]. 职业,2020(5):60-61.

[10] 刘姣姣. 乡村振兴背景下农村幼儿教师师德建设研究[D]. 西安:陕西科技大学,2021.

[11] 杜悦艳. 学前教育钢琴基础[M]. 北京:高等教育出版社,2019.

[12] 杨璐. 试论学前教育专业创意绘画的理念与思考[J]. 美术教育研究,2020(4):141-142.

[13] 常梦珂. 父母参与幼小衔接教育与儿童学习适应性的相关研究[D]. 信阳:信阳师范学院,2021.

[14] 何晓夏. 简明中国学前教育史[M]. 北京:北京师范大学出版社,2014.

[15] 洪革. 中职学校学前教育专业美术教学的德育渗透分析[J]. 科学大众,2020(1):245-245.

[16] 朱丽丽. 幼儿园教师健康教育胜任力的水平现状与提升对策研究[D]. 信阳:信阳师范学院,2021.

[17] 薛正斌. 学前教师教育一体化发展研究[M]. 银川:宁夏阳光出版社,2015.

［18］滕宇，王艳红．学前教育原理与实践［M］．北京：北京理工大学出版社，2018．

［19］朱亚男．辛笛应用钢琴教学法在延安职业技术学院学前教育专业中的应用研究［D］．延安：延安大学，2021．

［20］唐荣兴．高职学前教育专业中钢琴即兴伴奏的应用研究［J］．新一代：理论版，2020（6）：17－17．

［21］周光礼，周详．教育与未来中国教育改革之路［M］．北京：中国人民大学出版，2017．

［22］卢斌乾．学前专业与非学前专业幼儿园教师胜任力的比较研究［D］．天津：天津师范大学，2021．

［23］肇薇．新形势下关于学前教育阶段开设国学课程的探讨［J］．中国校外教育，2020（1）：120－121．

［24］高雯颖．幼儿园自主游戏中师幼互动质量现状调查研究［D］．天津：天津师范大学，2021．

［25］樊婷婷．新建地方本科院校教学改革实践探索［M］．四川：西南交通大学出版社，2018．

［26］姚恺帆，孙安若，周玲萱．学前教育实训基地共建主体间的利益诉求与协调［J］．教书育人：高教论坛，2020（1）：20－22．

［27］高雯颖．幼儿园自主游戏中师幼互动质量现状调查研究［D］．天津：天津师范大学，2021．

［28］吉执来．学前教育管理学［M］．西安：西北大学出版社，2019．

［29］唐晓甜．高职学前教育钢琴与幼儿歌曲弹唱技巧训练探究［J］．黄河之声，2020（5）：68－69．

［30］韩亚格．幼儿师范学校班级规则研究［D］．天津：天津师范大学，2021．

［31］李贺，杨云舒．学前教育史［M］．北京：北京理工大学出版社，2019．

［32］陶英．幼儿园学前教育对幼儿规则适应和独立性的引导［J］．基础教育论坛，2020（5）：49－50．

［33］杨雪．早期教育国际研讨会英汉交传实践报告［D］．哈尔滨：黑龙江大学，2021．

［34］唐淑．学前教育史［M］．北京：人民教育出版社，2018．